CONTROL YOUR OWN LIFE

陈文琴 ◎著

改变人生的86堂人际交往课

中国法制出版社
CHINA LEGAL PUBLISHING HOUSE

前言 PREFACE

人际关系，是人们在社会生产或实践活动中所建立起来的一种人与人之间的关系。这种关系包括家庭关系、工作关系、学习关系以及其他任何能产生联系的社会关系。

而由于个体的独特性，每个人的思想、行为、成长环境以及人生观、价值观的不同，在人际关系中，人们会呈现出不同的情绪和状态，在面对同样的事情时，也会有千差万别的表现。

但是，良好的人际关系，在生活和事业上又是十分必要的。人们处在复杂的社会环境中，和形形色色的人交往，在交往的过程中，又很容易因为经验欠缺，破坏了原本可以更好的人际关系，致使事件未能朝着自己期待的方向发展，带来诸多烦恼。

只有充分了解自身优缺点的人，才能在人际交往中找准自己的位置，扮演好自己的角色。同时，良好的人际关系是建立在良好沟通的基础上的。只有充分了解对方，摸清对方为人处世的思路，才能更好地从对方的立场出发，与对方实现情感共鸣。

本书旨在探寻人际交往中存在的各种常见问题，以案例结合实际的方式，展现人际交往中各种各样的情境，恰到好处地利用人际关系心理学上的技巧和原则，让人际关系毫不费力地向更好的方向发展，从而帮助读者规避人际交往的禁忌，拥有良好的人际关系。

目录 CONTENTS

CHAPTER 01 第一章

改变自我，做好交往的心理准备

正视自己，发现影响交往的心理障碍

身处社会关系中，人际交往是一门重要的必修课。每个人都希望通过良好的社会交往建立起和谐的社会关系。因为良好的社会关系不仅可以缓解人的孤独、寂寞、空虚、恐惧、痛苦等情绪，还可以为人的工作和生活带来便利。

然而，在实际的学习、生活和工作中，总有一些不擅长与人打交道的人，缺乏正常健康的人际关系。在这些不擅长打交道的人中，大多数并未意识到自身的问题，看不到自己身上存在的心理障碍，更不知道是这些心理障碍给自己和他人的交往带来了诸多困扰。

小徐初中毕业后，去了离家100公里远的县城打工。因为表现较好，没多久，小徐便被提拔为小组长。“衣锦还乡”的她收获了许多羡慕的目光。

这时，初中同学小青央求小徐带上自己，她不想一辈子面朝黄土背朝天。小徐答应了。

小徐向厂子引荐了小青后，主管把她们安排在了同一车间，又安排在了同一宿舍。两人的关系也越来越密切。

可是，令小徐没想到的是，半年后的优秀员工评选，小青的票数竟然远远多于她的。原因是小青人缘好，和工友们关系融洽，能打成一片，这也为她带来了较高的人气。

小徐不明白，自己明明资历比她高，还是个小组长，怎么就输给她了呢？这让小徐心里很不是滋味，越想越觉得憋屈——如果自己当初不那么好心，将小青带到厂子里来，她哪能如此风光，也不会抢了自己的风头。

从此以后，小徐对小青就越看越不顺眼了——不仅在工作上加以刁难，甚至故意栽赃陷害，让小青遭到主管的责骂。

不仅如此，在平时生活中，小徐也时时和小青过不去。比如，将垃圾倒在小青的床上，将吃剩的发酸发臭的食物扔在小青的餐盒里，等等。更过分的是，有一次，小徐竟不顾天气寒冷，将一盆冷水倒在了小青的被子上，这件事情直接导致了小青当晚受冻生病。

虽然小青选择了原谅，不予追究，但是工友们却是心知肚明，厂里也对小徐进行了处罚，并且撤销了她的小组长职务。

这件事传开后，小徐在厂里的形象越来越差，人际关系也越来越糟糕。

可以看出，案例中的小徐表现出了十分强烈的嫉妒心理，而她却丝毫不觉得是自己的原因，只一味地怪罪他人，直接导致了她的人际关系越来越糟糕。

人贵有自知之明。正确认识、评价自己，是保持良好人际关系的前提。可是当局者迷，并非人人都能真正做到毫无偏颇地评价自己，而自我认知失调是导致心理失衡的一个重要原因。

如何正确认识自己，如何知道自身的哪些行为是属于心理障碍呢？虽然不擅长人际交往的人有很多特点，但是总结起来，可以大致归纳为以下五种类型。

1. 目中无人型。

此类人在人际交往中一般表现出高高在上、目中无人的特质。他们只关心个人的需要，强调自己的感受，其他人的思想、行为、需求在他们面前通通不值一提。他们总是企图控制一切，把自己的观念及思维模式强加在对方身上，企图让别人无条件地附和他。

这类人对于自己的人际关系，总是自我感觉良好，觉得对方对自己的顺从是因为认可，从而不自觉地说出或者做出一些与彼此关系不符的话语或举动，引起对方的不满与厌烦，甚至因此被疏远而不自知。

2. 难以接受对方强过自己的善妒型。

妒忌源于对比，而且往往是出于与自己关系较为密切的人的对比，特别是当对方的身份、经历等与自己相似，可却在某一方面胜过自己或者是取得了自己难以实现的成就时，就容易产生妒忌心理。

对于一个善妒的人，对方哪怕只是受到别人的一句赞美，他也会受不了。通常情况下，善妒的人会在对方取得成就时，表现出不屑一顾；而当对方遭遇困境时，却幸灾乐祸，甚至还会落井下石。其实妒忌这种心理通常很隐蔽，只要他不开口说，或是没有做一些出格的事，很难让人看出来。

3. 自我否定型。

自我否定型的人，与上述两种类型的人相反。他们常常是人际关系中的一个不起眼的、被忽视的存在。

虽然他们也很想获得其他人的认可，拥有良好的社交关系，可往往因为自己某些方面的缺陷或不足，害怕被人拒绝或是嘲笑而不敢开口。与人交流时，他们总是尽量避开对方的视线，降低自己的存在感。

4. 敏感猜忌型。

具有这种心理的人，内心活动都很丰富。对方无心的一句话，都会被他过度解读，甚至还会曲解善意为恶意，最后得出他猜测的结论——这在别人看来通常十分片面和狭隘，而且牵强又刻意。

更严重的时候，这类人还会为了验证自己的判断，便有意识地从日常生活中留心对方可以印证自己猜测的行为，好让自己的判断显得更加有理有据，让人信服。

5. 自我防御型。

这类人常常把自己孤立在所有人之外，具有比较严重的心理障碍。

主要表现为：不论对方试图以何种方式和他交往，最后都会被他视为不怀好意的敌人。对热情的人，他会认为对方靠近自己必有所图；对冷淡内敛的人，他会认为对方必定是对自己有意见，或是看不起自己，不屑于与自己交往。

在这种心理的支配下，这类人在与人交往时，容易说出一些具有攻击性的话，来揭露对方的“不怀好意”。大家也会因为和他相处太累而逐渐疏远他。

解读社交恐惧：你为什么会害怕和人打交道

社交恐惧又被称为社交焦虑障碍，是一种对任何社交或公开场合都会感到强烈恐惧或忧虑的心理状态。恐惧的对象可以是陌生人，也可以是熟悉的人。

具体表现为：不敢见人，他们害怕自己在别人面前出洋相，害怕与他人对视，害怕被别人观察，害怕别人注意自己而发现自己内心的不安，等等，并极力回避所害怕的处境。尽管他们自己也知道这些害怕是不应该的或不合理的，但却并不能防止恐惧发作。

当有社交恐惧的人不得不和别人进行交谈的时候，通常会面红耳赤，精神处于非常紧张的状态，进而引发生理反应，如发抖、出汗等。严重者甚至会拒绝与任何人发生社交关系，只想把自己孤立起来。

小晶是个性格内向的女孩，刚考上县城高中时，面对陌生的环境、陌生的同学和陌生的老师，更加有些胆怯。因此，她平时只顾安静学习，极少和同学嬉笑。

有一次放学后，小晶走在回宿舍的路上，迎面遇到了历史老师。历史老师风趣幽默，同学们都很喜欢他，小晶也一样。可是在课下见到历史老师，小晶却感到有些紧张、不好意思，闪躲着不敢和老师打招呼，于是假装没看见，低着头匆匆地走了过去。

身旁的同学追上了她，跟她说老师一直看着她。小晶听到后，内心更加忐忑不安，生怕老师以后对自己有意见。

后来，每次上历史课，小晶都不敢抬头看老师，害怕和老师有眼神交流，更害怕老师叫她回答问题。渐渐地发展到上其他老师的课时，她也不敢抬头了，总害怕被老师关注到。偶尔抬头对上了老师的眼光，小晶会立即脸红心跳，冷汗直冒。

就连和同学的正常交流，也会让小晶手心冒汗，紧张不已。

由于长期受自身紧张、不安的情绪支配，小晶的学习成绩一落千丈。眼看着高考在即，她也知道自己再这样下去将对不起在乡下含辛茹苦供自己上学的父母……最后小晶选择了求助心理医生。

许多人在面对老师和领导时会有些紧张，这是一种非常正常的现象。但是案例中的小晶已不是单纯的紧张了，她在紧张的同时还有心跳加快、出汗的症状，并且回避与人交流，甚至到了恐惧的地步。在强大的自我暗示下，这种恐惧越来越严重，严重影响了自己的正常生活。这些是社交恐惧症的典型表现。

通常情况下，我们将社交恐惧症分为普遍场合社交恐惧症和特殊场合社交恐惧症。

普遍场合社交恐惧症，是指在任何地方、任何情境中，都会害怕自己成为别人注目的焦点。像商场、餐馆、电影院等这些人们经常聚集的地方，对他来说，便是噩梦一般的存在。学习中，他不敢和老师、同学多交流；工作中，他不敢和老板、同事争论；生活中，即便对某些事有不同的意见或看法，也从不敢表达。案例中小晶的症状便是典型的普遍场合社交恐惧症。

特殊场合社交恐惧症是指对某些特定的情境或场合特别恐惧。比如，害怕当众发言、当众表演。他们在与别人的正常交往中，并没有表现出什么异常，可是当他们需要上台表演，或者当众演讲时，就会感到极度的恐惧，常常变得结结巴巴，甚至愣在当场。

事实上，特殊场合社交恐惧症基本存在于每个人身上，根据恐惧的程度不同，分为生理性的和病理性的。生理性的往往表现为初次登台紧张和心跳加快等，但是基本上能完成任务。相比之下，病理性的就严重多了，可能会导致呕吐或是昏倒。

形成社交恐惧症的原因也比较多，联系上文的社交恐惧症类型，大体上可以将它们分为内因和外因。

内因主要是心理或生理上的不自信，或者性格上的要强等，具体的有以下几点。

1. 生理原因。

美国著名精神病学教授戴维西汉先生认为：社交恐惧症的发病是人体内一种叫“5- 羟色胺”的化学物质失调所致。这种物质负责向大脑神经细胞传递信息。这种物质过多或过少都可引起人们的恐惧情绪。特殊场合社交恐惧症患者表现得尤为明显。

2. 心理原因。

心理原因导致的社交恐惧症的患者一般自尊心都较强，害怕被别人拒绝，特别是自卑胆怯型的患者。

3. 思考问题的方式。

思考问题的方式除了与个人的思维逻辑有关外，也与性格有关，性格也可以看作人们思维方式的一种外在体现。如自负、多疑、善妒的性格等，都是因思考的片面性而产生的社交障碍。

外因便是来自外部环境的刺激和压力，外因作用于内因，激发了社交恐惧症患者的病症。外因如以下两种。

1. 家庭原因。

从小性格受到压抑，或是由于家庭的教育因素，导致自卑内向，且害怕与人接触等。

2. 社会原因。

本身所处的社会环境较为恶劣，与人交往时受到的挫折较多，受到了打击等。

解开人际交往中的“自卑死结”

自卑是心理上的一种消极的自我暗示，和本人的智力、受教育程度、所处的社会地位等因素无关，它是在心理上的自我否定，低估自己的能力，觉得自己各方面都不如人，是一种心理障碍。

自卑的人容易将一切失败的原因都归结在自己身上，常因害怕别人看不起自己而不愿与人来往，因此自卑的人也会变得越来越孤单。又因为缺乏了正常的人际关系，从孤单到孤独，他们渐渐地在人际交往中失去信心，形成了社交恐惧。

山东某大学新闻系有个来自广东的新生小陆，作为一名土生土长的广东人，小陆非常不适应山东的生活习惯和饮食习惯。但这些都还是可以克服的，最难的是他作为一名新闻系的学生，却没有一口标准的普通话。

同学们经常取笑他的发音，甚至有时候故意学他的发音来取乐。每当这时，他便觉得非常自卑，于是不敢开口说话，更不敢开口反驳，因为他说的每一句话都可能成为同学的笑料。

小陆憧憬的大学生活，离他越来越远：不敢和同学们自由自在地交谈；不敢参加校园的社团活动；不敢和老师多交流；在学习中，遇到不懂的问题不敢请教别人。如无必要，小陆必定整日不开口，一切行为都隐藏在沉默中。

虽然小陆刻苦练习发音，可是从小到大的习惯，让他很难一时改正过来。一旦碰到要汇报、陈述、演讲时，他更是手脚冰凉，脸色煞白，说不出话来。渐渐地，他开始怀疑自己是否能顺利完成学业，即便顺利毕业，将来走上工作岗位是不是还会继续因此受人嘲笑。

因为自卑，小陆便把自己封闭包裹起来，陷入了无尽的自我怀疑和否定中，影响了学习，也影响了正常的作息。身心俱疲的小陆甚至觉得生活没有了意义。

从理论上来说，自卑的情形在任何人身上都可能产生，几乎所有人都存在自卑的心理，只是表现的方式和程度不同而已。成功者常常能克服自卑，超越自卑；失败者则多受自卑控制，难以摆脱。

小陆因为自卑，不敢跟同学交往，怀疑自己，孤立自己，甚至对生活失去了信心，完全受自卑控制，认为人生晦暗无光了。这种心理如果不能得到及时、正确的调节，是会危害终生的。

其实，自卑的普遍性也说明了自卑并不可怕，只要懂得如何扬长避短，完全可以逐渐克服自卑，无视自卑，成为一个自信的人。具体可以参考以下五点自查自省。

1. 正确认识自己，不要担心自己不够好。

认识自己，首先要敢于正视自己的不足。从多个角度看待自己，不仅要看到自己的短处，也要恰如其分地认识自己的长处，全面辩证地评价自己。

金无足赤，人无完人。对于一些不可改变的事实，如出身、家庭、相貌、身高等，不论多优越，也总有比上不足的时候，不论多卑微，也总有比下有余的时候，完全不必自惭形秽。

2. 选择性对比，无须事事与他人比高下。

自卑的人往往很善于发现他人的长处，而且习惯用自己的短处和别人的长处相比较。然而这样不仅不能激发起自己奋起直追的勇气，反而会越比越泄气，从而贬低、否定自己。

事实上，尺有所短，寸有所长。与人比较时要讲究“可比性”，选择恰当的参照对象，对比才有意义，才能保持一个平衡的心态。

3. 积极的自我鼓励与自我暗示。

自卑的人往往都比较敏感脆弱，经不起挫折的打击。要学会运用表扬和肯定的方法为自己树立自信心。

在工作和生活上一旦有积极表现和进步时，就应该努力肯定自己，为自己加油鼓劲，并对自己提出新的要求，相信自己能做得更好。

如果遇到一些难度较大，不容易完成的事情时，应该多从自己曾经成功的过往中总结经验，增强克服困难的决心，不停暗示自己：以前可以，现在可以，将来更可以。

4. 为自己设定合理的目标。

合理的目标是指在自己能力范围内的，或者再努力一下便可达到的目标。如果目标设得过高，那不仅不会激励自己，反而会因为难度太大，无法完成而失去争取的信心。就像游戏一样，从易到难，闯过第一关，争取闯过第二关、第三关。在不断成功的激励中，人的信心大增，不知不觉便攻克了所有难关。

5. 寻找自己的优点和长处，增加自信。

从来没有毫无长处的人，每个人都有自己的闪光之处。正所谓上帝为你关上一扇门，却也会为你打开一扇窗。

要善于发现自己的那扇窗，并为窗外的风景而努力，而不是将目光盯在那扇关闭的门上。

摆脱孤僻性格，走出交往困境

孤僻性格是影响正常人际交往的一大障碍。孤僻，也就是人们常说的“不合群”，有这种性格的人不愿意主动与他人接触，在交往中还有过于冷漠和不能适当表露情感的问题，因而常会陷入交往的困境，无法与人进行正常的交流。

陈杨是一名高三走读生，他的父母因为感情不和，在数年前离异了。从那以后，母亲将所有的希望都寄托在陈杨身上，对他关怀备至，每天都会送他到校门口，下课又会把他接回家。一些同学难免会用异样的眼光看待他，这让他觉得非常尴尬。

在学校的时候，他表现得沉默寡言，不愿意和同学打交道。上课时也是缄口不语，偶尔被老师提问，也总会磨蹭半天，然后不情愿地站起来，回答问题的声音小得几乎听不见。

课间休息时，陈杨也不会和周围的同学聊天，总是静静地坐在自己的座位上，戴着耳机发呆。有时同学试着和他交流，他只是冲同学看上一眼，就赶紧低下头……

上高中三年来，陈杨没有交到一个好朋友，班上的同学渐渐忽视了他的存在。但其实他的心里有很多苦恼，却不知道该向谁吐露。

孤僻性格不仅影响了陈杨正常的人际交往，让他无法像同龄人一样拥有朋友，享受友谊，还让他变得情感淡漠，甚至对周围的人怀有不耐烦或戒备的心理。他习惯于独来独往，但也免不了会为孤独、寂寞、空虚所困扰。

那么，这种孤僻性格到底是怎么形成的呢？美国华盛顿大学心理学家菲利普斯等专家经过大量研究后，发现了形成孤僻性格有这样几点原因。

1. 个体的气质类型。

各种气质类型的人都有可能在一定条件下变得孤僻，但相对而言，抑郁气质的人若不进行必要的心理调节，就更容易变得孤僻。这是因为抑郁气质者非常敏感，又很内向，而且常常不能正确地看待挫折，所以很容易变得沉闷，不善交往。

2. 幼年的不幸经历。

父母离异、亲人离去、家庭关系不和睦、父母的教育方式过于粗暴等，都会给孩子的内心带来巨大的压力。他们在家庭中得不到应有的关怀和抚慰，却过早品尝到了烦恼、忧愁、焦虑等消极情绪的滋味，这会让年幼的他们感到非常痛苦。为了给自己创造一个较为安宁的心灵空间，他们会倾向于自我封闭，不愿意与他人接触，性格也会变得越来越孤僻。

3. 交往能力的欠缺。

有的性格孤僻者也曾有过较强的亲和动机，但因为缺乏交往技巧和能力，也不擅长进行语言沟通，导致在人际交往中遭受了不少挫折。在屡屡遭到他人的嘲笑、埋怨、拒绝、训斥后，他们会对交往失去信心，并会与他人产生隔膜。

了解了孤僻性格的成因，我们就可以比较容易地找到摆脱它的对策了。在这方面，我们可以参考心理学家提出的几点意见。

1. 接受自己的性格，学会正确评价它。

性格孤僻者往往会有较强的自卑心理，并会对自己做出一些不公正的评价，而这只会让孤僻的情况变得越来越严重。

对此，心理学家建议，孤僻者要正确认识这种性格的危害，并有进行改变的决心和主动意识，只有这样，他们才算是具备了摆脱孤僻的良好心理基础。

与此同时，孤僻者还应当客观地衡量自己的长处、短处。既不要夸大自己的长处，也不要刻意放大一些微不足道的短处，不必总是认为自己不如他人，也不要总是因为担心在交往中会被他人讥讽、嗤笑，从而把自己紧紧地包裹起来，这样做只会让自己逐渐丧失人际交往的能力，所以一定要注意避免。

2. 回顾生活经历，找到孤僻的原因。

孤僻者不应回避自己的过去，相反，他们应当不时回溯生活经历，以便找到自己变得如此孤僻的主客观原因。

在众多的原因中，肯定会有主要原因和次要原因，而孤僻者应当将注意力先集中在主要原因上，进行有针对性的锻炼或改造，才能让自己逐渐摆脱孤僻。

3. 学习交往技巧，逐步改善性格。

孤僻者还应下定决心突破自我封闭状态，要勇敢地加入集体活动中，并逐步提升和周围对象交往的频率。

在这个过程中，为了避免出现新的交往受挫情况，孤僻者有必要系统地学习沟通和交往的技巧，让自己能够顺利地应对生活中常见的交往情境。

比如，孤僻者要注意在交往中表露善意，并要学会进行清晰、友好的交谈，同时还可以准备一些常用的、对方可能感兴趣的话题，以便在交谈中尽快打开局面。

当然，孤僻者的改变不可能一蹴而就，在最初的一段时间内，他们会在交往中遇到不少困难，也会有打退堂鼓的冲动，此时一定要注意鼓励自己，继续尝试交往，同时要学会从每一次交往中总结经验，点评收获。

随着时间的推移，孤僻者一定能够打开人际交往的突破口，也能够从交往中获得愉悦感和满足感，并能够重塑自己在他人心中的印象。长此以往，孤僻者也会变得不再孤僻，他们会爱上与人交往的感觉，性格也会变得随和、开朗。

如何克服交往中的害羞心理

害羞通常是指在他人面前感到不好意思或难为情。主要表现为脸红、心跳加速、局促不安、不敢抬头看人等。

害羞的人，在生活中，因为不敢和人接触，变得越来越孤单，也越来越沉默；在工作中，因为羞于和同事沟通，不敢对上级表达自己的意见，从而让工作变得更加困难和复杂。而且害羞的人大多非常敏感，心细如发，表面越是安静沉默，内心活动便越丰富，对事情往往容易做出过度的解读，或者钻牛角尖。

张女士已年过三十，早已成家，并且有了孩子，可还是害羞得像个初入社会的小姑娘。

据她自己说，从小到大，在人多的场合，她都不敢多说话，因为一开口就脸红，怕自己讲的话引人发笑。路上碰到熟人跟自己打招呼，也会脸红，手足无措，不知道要回些什么话，怕让人看出自己的窘迫，所以经常故意撇开视线，当作没看到对方。久而久之，她在大家眼里便成了个“目中无人”的人，没有人愿意和她交朋友，生活过得越来越孤单。

后来，她结婚了。她以为自己结婚后，有了孩子，会为了家庭和孩子而变得开朗起来。可事与愿违，她平时不敢带孩子出门玩，不好意思和同为宝妈的人聊天，害怕自己说的话对方不理会，很尴尬，只好天天待在家里，不得已才匆匆下楼一趟。孩子因为跟着妈妈，极少与外界接触，也变得沉默孤僻，偶尔出门见到生人就害怕。

张女士意识到自己的问题已经严重影响到孩子的健康成长，这才动了咨询

心理医生的念头。

害羞是人的天性。年少时的害羞，是青春的符号，是初入社会时对一切都充满好奇又忐忑的心情，这种害羞淳朴又美好。

但是随着年龄的增长，家庭的责任、社会的责任越来越重，过度的害羞便会制约自身的成长。比如，对外人的眼光过于在意，时刻注意外人对自己的评价，对自身的言谈举止十分重视都是过度害羞的表现。

长期如此，便会更加拒绝与人接触，抗拒和陌生人交谈，由此造成的心理障碍，不仅影响自己，也影响家人。就像案例中的张女士，她或许可以忍受害羞给自己带来的不利影响，但由此影响到孩子的健康成长时，便不得不做出改变，来克服自己的害羞心理了。

对于害羞心理比较严重的人，可以从以下几个方面进行自我梳理。

1. 正确认识自我，过度害羞是一种心理障碍。

害羞并非突然出现的，而是受性格、家庭环境、外部因素等长期影响而形成的。过度的害羞并非正常现象，而是一种影响正常人际交往的心理障碍。

认清自己的害羞，勇敢面对自己的害羞，大方承认自己的害羞，自然地与人接触，便会收到意想不到的效果。

2. 充实自己，和兴趣爱好相同的人在一起。

害羞的人不管是面对熟悉的人还是陌生人，都会感到局促不安。很多时候，他们是因为不知道应该和对方说些什么，以缓解冷场的尴尬。那不如从自己擅长的方面入手，找到和自己兴趣爱好相同的人。共同的话题，可以迅速为彼此破冰，使双方畅快交流。

3. 与人接触前，充分了解对方，做足心理建设。

如果是面临一场无法回避的会面，与其害羞误事，不如勇敢面对。

会面前，可以先了解一下对方的性格、喜好等，准备一些对方感兴趣的话题，避免冷场尴尬。暗自演练将会和对方产生的话语交流，甚至可以学习一些幽默的语言，为双方创造轻松的气氛。只要顺利进入交谈阶段，害羞的心理自然会慢慢消散。

4. 挑战自己，参加集体活动。

集体活动最能考验害羞的人。在集体活动中，一个人能同时与几十个人甚至几百个人产生交集，可是满眼全是陌生人。

害羞的人喜欢安静地站在角落里，观察其他人的行为、语言。显然，具有类似行为的人，很大概率也是属于害羞的类型，可以从这些人入手，从一些简单的打招呼或是小求助开始。只要打开话题，众人中，你们便成了彼此互相依赖的存在，能迅速建立起良好的人际关系。

5. 学点身体语言，为形象加分。

特别是神情、体态上的不同表现，会给对方带来不一样的判断。

一个弓着背、低着头、神情猥琐的人，和一个抬头挺胸、目光坚定、面带自信微笑的人给人的印象有着天壤之别。即便两个人都不爱说话，但前者通常会被认为不自信、害羞，而后者却会让人觉得沉稳、自信、有内涵，自然也能得到更多人善意的接近。

克服自傲心理，修正偏颇的自我认知

自傲是指人对自己的认知存在偏颇，表现为过高地评估了自己的能力，在日常言行中常表现出高人一等、目空一切的状态。自傲的人时常低估他人，对周围环境的洞察也受其影响。

自傲的人自以为了不起，很难接受别人的批评和建议，觉得对方没有这个资格来评价自己，更没有能力与自己一较高下。因此，自傲的人在社交中很容易引起对方的反感，造成人际关系的紧张。

初中生张敏的学习成绩非常优异，几乎次次年级排名第一。她不仅学习成绩好，还多才多艺，深得老师和校领导的喜爱。

学校安排的各种文体活动，张敏不是主持人就是压轴表演，非常出风头。班上有个这么优秀的学生，班主任对她也是关爱有加。可是渐渐地，班主任发现张敏开始显得有些自命不凡，和同学间的关系也不太好，同学们大多对她敬而远之。

为了了解清楚情况，班主任利用学校新年晚会的机会，打算让张敏找几个同学一起排练一出开场舞，由她领舞。在征询张敏意见时，她表现得非常不屑，认为班上没有哪个同学有跳舞的潜质，不如让她独舞，必能引起轰动。

老师试着提了几个女生的名字，张敏撇着嘴摇摇头，十分看不上。

后来，几个女生自发排练了一出舞蹈，在班上进行投票时，张敏的独舞败给了那几个她看不上的女生。

此事让张敏深受打击，认为是同学们没有鉴赏能力。并且她为了表示抗议，赌气提出不想再担任晚会主持人，让班主任另找他人。

自傲心理的形成，和所处的环境有关。当身边的人不停地恭维赞美时，自傲的人容易迷失，自我膨胀。他们很难在众多的羡慕、赞美、肯定的目光中，看清自己真正的实力和所处的位置。

案例中的张敏身处的环境，养成了她不自知的性格，虽然她有一定的实力，不管是学习成绩还是才艺都十分突出。但是当她受到挫折时，却丝毫没有意识到是自身的原因，甚至用赌气的方式表示抗议，显得很不成熟。

自傲的反面是自卑。如果没有适当引导，自傲的人很容易在受到意想不到的打击后产生自卑心理，从而一蹶不振。

1. 正视自己。

要克服自傲心理，最重要的是正视自己，辩证地看待自己的优势和劣势。再优秀的人也有不足之处，不过是优点比较突出，光芒盖过了缺点，但并不代表缺点不存在。

当一个人觉得自己已经在群体中是最优秀的，难逢对手时，不妨将眼光放远一点，走出舒适圈，到更大的群体中去，看看自己是否还是一样耀眼，或者跟不同领域的优秀人才比一比，看看别人的长处，是不是自己力所不及的。

2. 培养团队精神，拒绝个人秀。

将自己融入团队中，发现团队中每个人的优点。比如一场歌舞表演，声乐能力突出者主攻歌唱，表演能力突出者主攻形态演绎，动作能力优秀者主攻肢体动作……经过分配后会发现，原来每个人身上的特长都是独一无二的，互相配合，才能成就一场精彩纷呈的表演，而不是被某一个人包揽。

在团队中，每个人的闪光点都有其特别之处，没有人特别突出，也没有人被埋没。互助互利，有助于认清自己，克服自傲心理，更平等地和人交往。

3. 虚心接受批评。

当局者迷，旁观者清。自傲的人最致命的弱点便是看不清自己的问题，而又拒绝接受别人的批评。

虚心接受批评并非指全盘接受别人，服从别人，而是认真听取别人对自己的批评，有针对性地自省自查，有则改之，无则加勉。

4. 将目光放长远，过去的成就不代表未来。

“好汉不提当年勇”，过去的成绩再好，也不代表将来一定成功。只有不停地努力，跟过去的自己赛跑，不断提高自己，才有机会在将来的激烈竞争中占据一席之地。否则再好的过去，再优秀的天分，都会消耗在自傲自负中，成为现代版“伤仲永”。

摆脱刻板效应，别犯以偏概全的错误

刻板效应指的是人们对某一类人或事物产生的比较固定、概括且笼统的看法。社会心理学认为，这种由群体推及个人的判断行为属于刻板效应。

刻板效应其实是一种偏见，当人们习惯了用刻板效应去评价身边的人和事，把对一类人的评价当作对某个人的评价时，就会显得偏颇，不够全面，甚至产生误解。比如，儿童是好动的，年轻人是爱冲动的，女人是柔弱的，男人是坚强的，都是常见的刻板印象。

有两个学生：一个是尖子生，每次考试总是名列前茅；另一个是差生，每次考试都垫底。

老师安排座位时，将两个人调到了一起，形成学习小组，希望尖子生能带动差生一起学习，提高班级的平均成绩。

很快到了期末考试，尖子生的成绩下降，差生的成绩提高，两人居然同时考了个及格分。

同学们纷纷猜测为何会形成这样的局面。大部分人认为，差生学习差，拖累了尖子生，导致尖子生成绩下降。就连老师也怀疑自己安排不周，导致尖子生被带差。

然而实际情况却是，尖子生和差生成了好朋友，尖子生为了提高差生的学习积极性，故意自降水平，和差生考了个差不多的分数，并且和差生的关系越来越好。

由于受刻板效应的影响，人们在认知时，总会先把个体归入群体中去思考，以群体的特征来判断个体将会产生的行为。如案例中同学们先给差生贴上了一定会带坏尖子生的标签，便认为尖子生是因为帮助差生影响了学习，而没有去深入了解，探究事情背后的真实原因。

虽然刻板印象是建立在对群体认知的基础上的，能反映这一类人的普遍共性行为，有一定的参考价值，特别是有助于人们对某个特定的人做出最初的判断，但是也影响了人们对个体特性的探究。每个人都是千差万别的，行为、性格、语言、学习、成长环境等，共同构成了一个独一无二的人。仅凭笼统的概括看法去定性评价，难免产生偏差，以偏概全。

要避免这种认知错误，克服刻板效应的局限性，具体的方法可以参照如下几点。

1. 未知全貌，不予置评。

凡事兼听则明，偏听则暗。要善于利用我们的眼睛和大脑，有意识地抛开固有的刻板印象，客观分析和判断他人的特性。而不是人云亦云，妄下结论。

2. 从群体印象中找个体差异。

既然刻板印象概括的是群体特征，不可否认本身是有一定道理的，但不全对。要把着重点放在与刻板印象相对的其他信息中，找出群体特征外的个体差异，而不能一概而论。

3. 跳出思维定式，换个角度寻找答案。

随着人们的知识储备越来越丰富，经验也越来越多，受刻板效应影响，很容易在脑中形成思维定式。这种思维定式会束缚人的思维发散，让人只按照固定的模式去认知事物。可以经常做一些脑筋急转弯类的游戏，打破思维定式，换个角度想问题，便能收到意想不到的效果。

避免投射效应，别把主观意向强加于人

投射效应是指把自己的情感、意志、特性等投射到他人身上，认为他人也与自己一样，具有相同的喜好、厌恶等。这种以己度人的方式往往导致的结果是对他人认知有误，歪曲他人意愿，从而产生社交障碍。

就如电影《天下无贼》中王宝强饰演的傻根，他自己单纯善良，便觉得这个世界上的每个人都和他一样善良，就算一路与“贼”同行，他依然认为天下无贼，他们都是他的好哥哥好姐姐。

投射效应是一种严重的认知障碍。过于主观地猜测和判断，而不去客观地调查事实，常常会在社交中造成误会和矛盾。

玲珑大学毕业后，顺利进入了一家公司做文员，可是两年来一直没什么进步。她打算跳槽，于是去了一家相对较好的公司面试。她发现，和她一起竞争这个岗位的面试者只是个应届毕业生，工作经验不如她，她很有信心。

谁知，最后公司录取了对方。玲珑感到难以理解，她思来想去，觉得那个应届生一定是有什么关系，走了后门，要不然公司怎么会放弃经验更丰富的自己呢。

跳槽计划失败后，玲珑只好待在原公司，继续她的文员工作。没过多久，玲珑的上级主管离职了，主管位置空了出来，玲珑动了心思，想着怎么着也该轮到自己了吧。可是，最后这主管之位落到了一个刚来公司一年的员工身上，好机会又一次与她擦肩而过。

她的心态彻底崩了，认为对方是凭借不正当的手段上位的，说对方不是靠

关系便是靠潜规则之类的才爬上去的，却丝毫不承认人家是靠着自己的努力和好学上进而抓住机会的。

玲珑这种毫无根据、以己度人的话在公司传得沸沸扬扬，最终也为自己招来了麻烦。新任主管以她工作不积极，到处搬弄是非的理由将她辞退了。

喜欢用投射效应来判断他人的人，往往不会深入去分析自己所得到的信息，而是用自己惯有的思维，认为自己做不到的事情，别人必然也做不到，如果别人做到了，那一定是用了非常的手段。

从这点看，投射效应也是一种不理性的自我安慰：把那些自己不够优秀的方面投射到比自己优秀的人身上，以此来获得心理上的平衡。如案例中的玲珑，因为自己做不到，就想象对方使用了不正当的手段，以此来安慰自己。

既然投射效应是一种非常主观的意识行为，那要避免将这种主观心理强加于人该怎么做呢？

1. 待人接物保持客观理性。

收起潜意识里先入为主的判断，客观深入地看待事情的本质，不以己之心度人之腹，从而避免因自己的错误判断带来交往障碍。

2. 尊重个体差异，求同存异。

万事万物都有各自的特点，人的心理更是微妙。应当多角度、全方位地去了解、认识别人，尊重他人的习惯和行为特点，而非强加自己的意识到他人身上。

3. 换位思考。

假如对方以同样的投射效应来分析或对待自己，那自己会如何？是高兴还是不高兴，是想和对方交往还是远离对方？

在人际交往中经常换位思考，有助于理解对方的处境和情感需求，也更容易达成良好的沟通。

消除干涉心理，给他人留下不受侵犯的空间

许多人在平时生活中，很喜欢干涉他人的私事。他们可能仅仅把这种行为当作一种乐趣，而没有别的目的。可是被干涉的人，却因此受到困扰。

干涉心理看起来很普遍，实际上是一种心理缺陷。有干涉心理的人，大多自我感觉良好，认为自己的想法或看法更适合对方，因此很喜欢将自己的意愿强加给他人，也喜欢对别人指指点点。殊不知，这样是侵犯了别人的隐私空间，会引起别人的反感。

而且爱干涉的人大多有一个共同点，就是喜欢打着“我都是为了你好”这样的旗号，却忽略了为别人好的前提是尊重。真诚为对方好的表现是适当的建议，而不是强势地灌输自己的想法。

秀秀的婆家在一个小镇上，婆婆的思想比较保守。最初，秀秀刚嫁到这里时，婆婆便对她说，她的着装太过暴露，穿的裤子和裙子不能短过膝盖，不能穿无袖的上衣，等等。秀秀一开始也便接受了。

后来，秀秀找了工作，开始上班，婆婆觉得，秀秀应该在家里准备生孩子，上班的事以后再说。

秀秀没有反驳，但是没有辞职。没多久，秀秀怀孕了。婆婆让她立即辞了工作，在家安心养胎。秀秀不同意，表示自己可以兼顾上班，并且有产假，不会有大的影响。两人经过这一次后，心里都有些不愉快。

秀秀自己挣的钱，每个月都汇一些到自己父母的账户上。婆婆知道后，就对她说，你父母有退休金，饿不着，你的钱要攒着养孩子。秀秀很生气，虽然

没有当面和婆婆顶撞，可是当天晚上就和老公抱怨了。

幸好秀秀的老公是个明事理的人，安慰完秀秀后，又委婉地跟母亲表达了以后不要干涉秀秀的想法。

婆婆虽然嘴上答应，但是由于她和秀秀的观念差异很大，所以没两天就克制不住自己了，又恢复了对秀秀指手画脚的态度。

生活中像秀秀婆婆这样的人很多，他们的控制欲很强，总希望身边的人按照自己的想法生活，一旦有一些与自己想法不同的地方，便看不过去。

仔细想一下，每个人在生活交际中，或许都或多或少地犯过这种错误，也许是善意的，也许是无心的。然而，尊重和不干涉别人的生活，是我们社交的基本礼貌，是获得良好的人际关系的基础。我们应该在交往的过程中，为彼此多留出一些空间。

停止猜疑，避免将无中生有的事强加于人

猜疑是一种主观臆想，是毫无根据地怀疑他人，总觉得许多事情都与自己有关，对他人的言行过分敏感、多疑的复杂情绪。在人际交往中，猜疑心重的人往往会捕风捉影，自寻烦恼，甚至因为猜疑而犯下大错。

在生活中，猜疑心重的人对人缺乏基本的信任，整天提心吊胆，总怕被人陷害。对于这类人，人们常常会敬而远之，所以他们的人际关系通常都比较差。

小王是个地道的北方人，当他考到南方的一所大学后，发现寝室里只有他一个北方人，其余都是南方人。刚开始，大家还能融洽相处，但是没多久，小

王就因为自身直爽的性格，同其中的一个同学发生了争执。

事后不久，小王总觉得其他舍友都站在那个同学那边，排斥自己。甚至有时候他们说悄悄话，小王也觉得是在编派自己。小王对他们的猜疑越来越深，于是刻意和他们保持距离。他每次一回到宿舍，便躲在自己的小床上，竖起耳朵听着外面的声音，不再和大家打招呼。偶尔有舍友叫他一起去吃饭，他也觉得对方肯定要借吃饭的时候取笑他饭量大……

无端的猜疑让小王的大学生活过得痛苦不堪，他甚至一度想退学回老家。

疑心重的人通常很敏感，很容易从一些细节中去发现对自己不利的证据，并且将所有的分析、推理和判断往不利于自己的方向思考，甚至会达到逻辑严密，让人无法反驳的地步。

一般情况下，猜疑的行为会通过几个方面来共同起作用。如案例中的小王，先是主观联想，觉得舍友因为他是北方人，自然而然地排斥他；其次察言观色，只要发现有可疑的神情或是肢体动作，便认为对方对自己有敌意；最后当对方出现一些善意的举动时，便质疑对方别有用心，是“假好心”等。

如此反复，将所有的信息都往自己臆想的结果上靠，以致自己也相信这是事实。这不仅造成人际关系恶化，也影响了自己的正常生活和身心健康。

为避免对他人过度的猜疑，避免将无中生有的东西强加在别人身上而给自己招来麻烦，我们可从以下几方面进行调整。

1. 管理自己的情绪。

在出现猜疑迹象时，控制自己的胡思乱想，保持冷静，客观思考事实，待了解清楚所猜疑的对象或事件背后真正的事实后，再做出判断。

2. 摒弃定式思维，多个角度看问题。

当被猜疑对象的行为很容易让人联想成既定的结果时，不要急于下结论，试着从不同的角度再思考一番。比如，以他平时为人处世的方式，是否会做出这种事情？他这么做是表面的意思，还是另有深意？如果是自己做了这件事，说了这句话，会是出于什么目的，或背后会隐藏着何等用意？等等，如此思考一番，我们的结论才可能更加接近真相。

3. 培养自信乐观的心理。

自信乐观的人总是特别受欢迎。他们乐观豁达，喜欢社交。即便有不认同自己的人出现，也丝毫不影响他们的心情，因为他们始终相信，自己总是会得到更多善意的关注。所以，在自信的人心里，他们宁愿相信对方是友好的，而不愿意去猜疑对方，影响自己的心情。

4. 敞开心扉，及时沟通。

当自己无法确认对方的行为是否和自己所猜想的一样时，不如敞开心扉，及时和对方进行沟通。不要担心将自己的想法开诚布公会引来对方的不满，事实证明，两个能推心置腹交谈的人，往往最后都会成为亲密友好的朋友。

转变态度，对人坦诚

在生活中，会遇到各种各样的人。许多人习惯用不同的面具伪装自己，来面对父母、同事、朋友和陌生人。因此在复杂的人际关系中，敢于敞开心扉，以真实的面目待人的人显得尤为可贵。

坦诚是一种令人敬佩的生活态度。坦诚的人能让人放下戒备，产生安全感，让人不由自主地想要靠近。坦诚的人光明磊落，胸怀坦荡。和坦诚的人交往，使人心情舒畅，如沐春风。

小丽和小美从同一所高中考上了同一所大学。因为报考的专业不同，两个人分在了不同的院系。

刚上大学时，两个人形影不离，约着一起吃饭，一起逛街，一起泡图书馆。可是好景不长，慢慢地，小丽发现小美有些变了，甚至在刻意疏远自己。比如，小丽像往常一样约小美下课后一起吃饭，然后一起逛街，小美却以有事为由，匆匆拒绝了。有时候小丽打电话给小美，小美直接挂断，等她回电话的时候，就会说刚才没注意。

更奇怪的是，小丽约小美去逛街，小美目光闪躲，心不在焉，一点也不管小丽，也不帮她参谋一下。这些行为对小丽来说，十分反常。小丽试探地问小美是不是有心事，小美只是尴尬地笑笑。

此事一直困扰着小丽。小美是她在大学里最好的朋友了，两个人从亲密无间到勉强相处，这种落差让小丽感到不安，她不想失去这个朋友。

终于，小丽鼓起勇气约小美开诚布公地谈一谈。

小美这次倒是爽快地答应了，可能她也觉得需要给小丽一个理由了吧。原来是最近有个男生缠着小美，而那个男生恰好是小丽曾说过比较欣赏的人。小美虽然也觉得那个男生不错，可是如果小丽知道了，肯定会很难过。因此为了避免三个人碰上，小美只好一直避着小丽，希望等事情解决后再说。

小丽听完笑了，说自己虽然欣赏他，可是他对自己并没有感觉，既然他喜欢自己的好朋友，为什么不能大方祝福呢。小美听到这里，松了一口气，原来是自己多心了。小丽为自己没有失去好朋友而开心，小美为自己没有伤害好朋友而庆幸。

一个坦诚的人收获的也是坦诚的朋友，关系密切的朋友间也会发生磕碰，产生误会。何况人际关系中，更多的只是因为学习、工作而接触的泛泛之交而已。

事实上，坦诚的人更自信，更有魅力。所谓君子坦荡荡，小人长戚戚，坦诚的人自然流露君子之风，以心交心，才能交到高山流水的知己。因此，坦诚的人更容易交到推心置腹的朋友。

坦诚的人更有安全感，更容易让人亲近。人们都有慕强心理，当一个人让人觉得很有安全感，且也容易亲近时，会不自觉地向他靠近，希望做他的朋友。

当然，坦诚不是指将自己的隐私毫无保留地暴露在人前，而是指在和对方的交往过程中，不猜疑、不隐瞒，有误会就主动解开，有想法就立即沟通。把事情刻意地藏着掖着，放在心里自顾自咀嚼，不仅容易扭曲事实，也容易给自己招来心胸狭隘的评价。

控制情绪，不让情绪主导自己的行动

情绪随处可见，存在于人们每分每秒的生活中。情绪一般分为正面情绪和负面情绪。但是不管是哪种情绪，都会对身边的人产生影响。正面情绪自然是好的，比如当人们看到一个开怀大笑的人，也会不自觉地扬起嘴角。

我们要管理和控制的主要是负面情绪。著名的“踢猫效应”描绘的就是一种典型的负面情绪传染。人们因为负面情绪，会下意识地将情绪发泄在比自己弱小的对象身上，这样层层发泄下去，无处发泄的最弱小的那一个，便成了最终受害者。

由于情绪是客观存在的，而人又不可能永远生活在好情绪之中。因此，当人们出现负面情绪又不能消除时，就要注意控制情绪，疏导情绪，不能让情绪左右想法，主导行为。

年关将近，远嫁的小凤已经三年没有回娘家了，今年她要带着老公和2岁的女儿一起回娘家过年。小凤早早地便开始计划了起来。

可是，就在临行前一天晚上，女儿突然发了烧，小凤心急如焚。她好不容易才买到了春运的车票，不想更改行程；可现在女儿发烧，要坐一天一夜的火车，不知道能不能扛得住。

情急之下，小凤一脚踢醒了正在酣睡的老公，一边催促他上医院挂急诊，一边埋怨都是因为他白天带着女儿玩的时候没有给她穿外套才让她受了寒。

小凤的老公心有内疚，不敢反驳，急急忙忙带着孩子去医院。结果匆忙之中他们忘了带证件，无法给孩子办卡挂号。

小凤本就在气头上，一边哄着怀里哇哇哭的孩子，一边骂着老公做事不靠谱。小凤老公辩解说是小凤没有说清楚，两个人在医院门口大吵了一架。小凤的情绪终于崩溃了，和孩子一起哭了起来，引来了许多人的目光。

当小凤老公将证件带齐，终于办好了就诊卡后，小凤抱着女儿已经平静下来了。好在医生看完说没什么大碍，表示只要按时喂药，很快就会好。但是因为耽误了时间，小凤赶不上第二天一大早的火车了。

生活中，负面情绪总是不期而至，让人措手不及。倘若处理不好自己的情绪，任由负面情绪发展，那产生的一系列反应将会让事情变得更加糟糕和令人沮丧。

如果小凤在情绪发作的时候能意识到这一点，冷静地面对已经发生的事实，也不至于忘了带证件，导致看诊不及时，错过了行程。

所以，要想不被负面情绪打乱正常的生活节奏，学会管理情绪、控制情绪就显得尤为重要。当出现负面情绪时，或许可以试试下面的方法。

1. 深呼吸，强迫自己先冷静下来。

当意识到自己因某些事而情绪开始变得糟糕时，立即强迫自己冷静下来。即使一时无法排遣，也要先将负面情绪“打包”起来藏在心底，理智地面对接下来的状况，而不是任由情绪主导自己的行动。

2. 学会正确宣泄情绪的方式。

暂时藏在心底的负面情绪总要找到一个突破口，宣泄出去，就如大坝开闸泄洪一般。可以找一个无人的地方大哭一场，或是约一个知己尽情倾诉。

3. 坚持运动，对抗负面情绪。

运动能锻炼人的耐力，让人更加宽容；运动能激发人们对生活的热情，使人心胸开阔，自信向上。喜欢运动的人尚来不及拥抱生活，怎会浪费时间困在无用的情绪当中。

4. 豁达的人生态度。

“行到水穷处，坐看云起时。”培养自己豁达的人生态度，修身养性，开阔眼界。毕竟，生活中的许多难处，在事后看来，也不过如此。

CHAPTER 02

第二章

读懂他人，找到交往的心理突破口

识人秘诀：不仅用耳朵听，还要用眼睛看

一般情况下，我们习惯在与人沟通时，只开启倾听模式，从对方的语言表达中，判断对方的意愿。可是单凭被动的语言输入，通常无法直接了解对方其他的信息。这就需要我们能够从对方的外貌、神情、动作上，找到隐藏在话语背后的意思。即需要用眼睛观察，结合耳朵听到的信息，来综合判断对方的真实意图。

在印度的某个贫民窟，发生了一起伤人案。

有个小偷偷到一批价值不菲的财物，在躲避警方追捕的时候，逃进了贫民窟，钻进了一间破烂不堪的房屋，房屋的角落里窝着一位老人。小偷恳求老人说，只要老人掩护自己逃过追捕，自己所得的财物便分一半给他。老人同意了，将小偷藏在了一个堆满破烂废品的角落。

不一会儿，警察果然来了。老人一边大声地说没看到小偷，一边悄悄地用手指着角落的位置。可惜警察相信了老人的话，却没有看到老人的手势。

等警察走远后，小偷从角落里出来，恶狠狠地抄起一旁的棍子朝老人打了过去。老人奄奄一息，指责小偷出尔反尔。

小偷冷笑说："别以为我没看见你的手指着我。"

后来老人不治身亡。

案例很简单，但却告诉我们在倾听时观察对方的行为动作的重要性。所谓耳听为虚，眼见为实，如果警察多留心一下，便能抓到小偷，挽救一条生命了。

总的来说，观察沟通对象的时候，可以从这几个方面入手。

1. 观察对方的穿着打扮。

穿着是一种无声的语言，当刚接触一个人时，我们对他一无所知，却可以通过衣着打扮初步判断他的职业、性格等特点。衣着也能体现一个人的个性、品位甚至是社会地位。

比如，一个西装革履的人，能给人带来专业、成熟、稳重的印象；而一个穿着休闲得体的人，则让人觉得闲适、轻松；如果是穿着比较邋遢的人，则很难让人对其产生信任感。

2. 观察对方的样貌、举止。

一个人的样貌神情、举止行为可以体现出个人的修养和素质。比如步伐稳健、坐姿端正的人，一般比较严肃稳重；弓着背、低头缩脖的人，一般都不太正直；等等。

3. 观察对方的肢体动作和下意识的行为。

许多人都知道要管理自己的面部微表情，而且会有意识地控制面部表情以不让别人轻易觉察出自己内心的想法，但是他们往往会忽略自己手和腿的动作。而手和腿在下意识的情况下，也会反映出许多秘密。观察一个人时，从肢体动作入手，也是个突破口，比如一些特别的手势和腿脚动作的变化。

人们的行为动作和内心活动、情感情绪息息相关，以上所列的这些通过眼睛观察到的信息，也不能单独作为判断依据。而是要综合当时的环境、说话人的语气以及其他因素，全面理解。最忌断章取义、片面孤立地解读对方的表达，以致产生误解。

面孔是情绪的晴雨表

这里的“面孔”指的是面部表情，也就是说，可以通过观察一个人面部的表情变化，推测出这个人的情绪变化。

美国认知心理学家保罗·艾克曼深入研究了情绪和面部表情的关系，他认为，面部表情受控于情绪，因情绪反应而产生相应的变化，所以面部表情反映了人们的情绪状态。

比较容易分辨的面部表情反映的情绪有高兴、悲伤、痛苦、惊讶、厌恶、愤怒等。对所发生的事有所准备时，情绪通常较容易伪装，比如悲伤的时候不哭，开心的时候不笑。突如其来的情绪却很难控制，比如在课堂上开小差时突然被老师点名的愣怔瞬间，偶遇多年不见的老同学却突然听说他是自己总公司的领导时的诧异。这些事情有效地激发了人们内心强烈的尴尬、惊讶等情绪，人出于本能的反应，面部瞬间做出表情变化，暴露了内心的活动，而等大脑反应过来，想要伪装的时候，已经过去了几秒钟。虽然只有短短几秒钟，但敏锐的人已经从这瞬间的表情里看出了端倪。

娟子毕业两年了，突然收到了一张大学学姐的结婚请柬，娟子打开一看，也不顾自己正在上班，立即伏案大哭。原来学姐要嫁的人正是娟子的初恋情人。

同事们看到这种情况，立即安慰了娟子几句，也对她不顾场合地宣泄情绪感到有些不满。

虽然同学和朋友们都劝娟子不要赴宴——学姐的这张请柬摆明了是要给她难堪的，可是娟子不听劝，一意孤行去了婚礼现场。

一路上，娟子都是气势汹汹的样子，搞得同样被邀请的同学担心不已。到了宴席上，新郎新娘来敬酒的时候，娟子面对新郎时的伤心模样和面对新娘时的咬牙切齿都被宾客们看在了眼里，大家都在猜测娟子和他们的关系，搞得场面十分尴尬。

同去的同学都觉得很丢脸，想起平时娟子的冲动性格，感到既生气又无奈。

娟子是一个把情绪和心事都写在脸上的人，这样的人在生活中随处可见。他们常常因为不懂得管理情绪，不懂得管理面部表情，不仅让自己显得幼稚，也带给别人很多的困扰。毕竟，谁都不喜欢和一个喜怒无常的人交往。

但反过来说，懂得观察面部微表情，能迅速掌握对方的反应，有助于了解对方的心理，改善人际关系。那么，在交际中，遇到成熟而内敛的人时，该如何通过对方的面部表情观察他的情绪和性格呢？一般从以下这几方面观察。

1. 看眉眼。

眼睛是心灵的窗户，也是情感最为重要的表达者。通过一个人的眼神，能看到多种复杂的情感变化，是喜还是悲，是畏惧还是坚定，等等，再加上眉头肌肉的各种变化，基本就能准确看出一个人的心理变化。

2. 看嘴巴。

口型也能反映出人的心理，如惊讶时嘴巴张大，开心时嘴角微扬，伤心时嘴角下垂，思考时咬下唇，等等，都很直观。

3. 看脸。

不是只看脸颊，而是综合面部整体，因为面部器官在表达一种情绪时，会协调地展示出来，让人一看便明白。当然，有时候表情不自然，便是人内心正在纠结的体现。五味杂陈，情绪起伏，五官表达情绪也受了影响，无法协调一致，便会出现哭笑不得、精彩纷呈的表情。

形体姿势：无声的语言

不同的形体姿势代表了不同的含义，这些姿势一般都是下意识的动作。比如，当人们交谈时，时不时地点头摇头、蹙眉展眉，又或是四肢不停地变换姿势，等等。人们往往很难意识到自己的身体动作，而懂得肢体语言的人不需要对方开口，便已经读出了对方的真实意图。

形体姿势是无声的语言，它是人们内心世界的真实反映，很少带有欺骗性。在实际交往中，通过观察对方的形体姿势，可以帮助人们更顺利地交流。

如果对方坐立不安，频繁看时间，那可能是时间紧迫，不得不准备结束谈话了；如果对方神情专注，身体前倾，说明对话题感兴趣，可以详细展开；如果对方姿势放松，眼神飘忽，注意力不集中，可能是对话题不感兴趣，应该换个话题了。

刘飞是个即将毕业的大学生，和大多数同学一样，面临着找工作的难题。刚好有一家大型游戏公司来到刘飞所在的大学进行招聘，虽然招聘人数有限，且要求苛刻，但是同学们都摩拳擦掌，跃跃欲试。毕竟，如果一毕业就能进大型企业，相对来说，起点就高了。

同学们都在精心准备应聘，刘飞也不例外。他顺利地通过了初试，并和几个同学一起参加了一周后的复试。

结果，只有刘飞一人被录取，其他人均被淘汰。同学们思来想去，觉得刘飞和他们的起点都差不多，游戏天赋也不算是最突出的，为什么会受到公司领导的青睐呢。后来，他们便虚心向刘飞求教。

刘飞也不藏私，大方地告诉了他们实情。原来，公司要招的是技术销售岗，除了对游戏了解外，还要求有一定的交际能力。面试时，当经理听到刘飞对游戏进行专业分析时，眉头微皱，身体后仰，且双手抱胸。直觉告诉刘飞，经理对自己的分析不感兴趣，于是他立即换了个话题。经理感觉刘飞能敏锐地捕捉到自己的意图，有做好销售的潜质，于是，当即拍板录用了他。

可见，读懂对方的身体语言，在相同条件下，比别人更多了一点优势。据心理学家研究，人们通过沟通所传达的信息中，仅有40%来自话语，而剩下的60%则来自身体释放的各种信号。

即使在科技如此发达的今日，视频会议、邮件沟通等手段依然不能取代面对面交谈。特别是进行重大的商务谈判、决策时，面对面的沟通是决定性的一环。因为和口头语言及文字语言相比，身体语言更具有真实性。“口是心非”的人，就是因为说话时肢体反应不协调而被识破，这也是测谎的一种方法。

通过身体语言来了解他人是一种可以通过后天有意识的培养和学习来获得的能力。在人际交往中，有意识地提高自己对身体语言的解读能力，会使自己的人际关系更为和谐。

在恰当的时候，学会正确使用身体语言将让自己的表达产生事半功倍的效果。比如安慰伤心的人，一个拥抱胜过千言万语。

最后要注意的是，要有意识地改掉一些让人看起来不太舒服的习惯行为和动作。比如跷二郎腿、抖腿、在对方说话时挖耳朵等一些不雅的举动，会给人不礼貌、没教养的感觉，也会分散别人的注意力，影响沟通效果，降低自己在别人心里的印象分，对自己的人际关系不利。

观察不经意的动作，掌握对方意图

不经意的动作自然属于前文中所提到的肢体动作，除了那些常见的、大多数人都有的一些肢体动作外，还有一些特别的肢体动作，是某个人的习惯性动作。每个人的习惯性动作都会有一些差别。比如，有的人说谎时爱眨眼睛，有的人说谎时爱摸鼻子，还有的人说谎时面带微笑，等等。

这种不经意的肢体语言，在特定的时候会重复出现。只要多留心，多观察，便能掌握对方意图。

乒乓球世界冠军王涛曾说过这样一件事：世界乒坛常青树瓦尔德内尔曾经是中国乒乓球选手夺冠路上的最大对手，为了找到他的软肋并战胜他，教练和运动员反复观看录像，终于发现了瓦尔德内尔的一个动作，每到比赛进行到紧张阶段，他都会下意识地提一下袜子。就是这一下，让王涛他们找到了破绽。瓦尔德内尔可能始终不知道，就是这一个不经意的动作暴露了自己的紧张心理，让对手抓住了机会。

不经意的小动作有时也会体现一个人的性格特质，比如注重外表整洁的人，会时不时地扯一下衣角；一个不够自信的人，会习惯待在角落里并尽量低头不与人目光接触，降低自己的存在感。

不经意的动作通常因为太细微，很容易被忽视，所以观察起来也没那么简单。但是我们要有意识地培养自己观察他人并随时分析揣摩其意图的习惯。下面介绍几个动作作为参考。

1. 深呼吸。

深呼吸是平缓紧张情绪最简单的方法，当看到对方开始深呼吸时，可以判断他可能正在控制自己的情绪，要考虑是否先暂停话题，让双方都冷静一下。

2. 眯眼睛。

眼睛是双方沟通时最被关注的器官。眯起眼睛，通常说明一个人有疑惑或是不赞同，正在脑海里组织反驳的语言。

3. 歪头或低头。

轻微地歪头通常说明对方正在认真倾听和思考；如果歪头的幅度过大，则往往表示的是怀疑或者同情。

4. 按摩颈部。

这是缓解紧张的一种方式，按摩颈部穴位，可以降低血压，消除紧张。

5. 把玩手边的东西。

如果对方是漫不经心地把玩东西，也不看着谈话对象，表示他对话题不感兴趣。如果在把玩的时候眼神时不时地偷看一眼，表明他是借物品来掩饰内心。

需要注意的是，不管是哪种不经意的动作，都要结合当时的环境综合考量。

语气及语速，透露心理

人们在交谈的时候，随着谈话的深入，或是意见的不同，语气和语速也会不断改变。如果本来用正常语气、语速交谈的人，突然出现加重或减轻语气，加快或放慢语速等反常现象，就要认真琢磨对方心理的变化了。

语气里的感情色彩比较浓厚，蕴含着人的喜怒哀乐。比如，同样的一句话“你真好”，语气不同，产生的效果也不同。正常的语调，表示的是赞扬；语气侧重“你”，显然是有怒气；语气侧重“好”，则是反讽。

再说语速，每个人说话时语速都不同，这是个人的说话特点。但是语速也和语气一样，如果对方惯有的语速突然改变了，往往表示其心理发生了变化。比如，语速加快，可能是对方急于结束话题，或是对交谈不感兴趣了；语速放慢，可能是对方正在思考合适的措辞，想强调重点或是逃避。

小智是个优秀的汽车销售员，销售冠军的宝座他总是坐得稳稳的。这跟他平时认真学习销售技巧，总结销售经验分不开。

一次，小智接待了一个新顾客张女士，张女士到店后自顾自地看了许久的车，并未搭理小智，小智耐心地陪在一旁，保持不远不近的距离，也不多言。

张女士终于看完了，指着一台新车细问起来，问了几个关键问题后，张女士突然提高了声调，语速也明显加快，开始对车子做出评价。小智迅速回顾了一番销售心理学，分析出张女士对这台车子有兴趣，语气改变是想从气势上压倒自己，好让自己诚实地为她服务。小智立即以柔克刚，放低声调，让张女士尽情地提意见。

小智解答完张女士的问题后，发现张女士语速放缓，说这车还有些不尽如人意的地方，小智便知张女士购买意愿不足，所以没有死缠烂打，而是约好过两天给她打电话，询问考虑结果。

张女士很满意小智的服务，觉得他很懂自己的需求，说话态度拿捏得刚刚好，既没有强行推销，也没有信口开河。

就这样，因为小智的优质服务，张女士最后提了车。

这也是销售中常说的，要卖产品先卖自己。可见，观察由语气和语速的改变透露的心理意图，对人们的交际确实有帮助。这种从细微处发现别人发现不了的问题，才能抓住问题的关键。

语气受各种情绪的控制，再加上声调、语速的不同，产生了丰富多彩的语气状态。从这些语气状态中总结出来的四大类型，也代表了四种不同的性格。

1. 稳重深沉。

这种语气多见于长者，也有相对年轻的人会被说成老成持重。语气沉稳的人让人感觉思想成熟，可靠踏实，对事有把握，说的话可信度高，令人不敢轻易反驳。

2. 温和舒缓。

语气温和的人内心比较宽厚，富有包容心。说话行事不疾不徐，处世圆融。和这种人交往，往往令人身心舒畅，如沐春风。

3. 生硬尖锐。

语气生硬的人有强烈的个人主义倾向，比较强调自我意识。但是这类人观察敏锐，能洞察事物本质，常能一针见血地指出问题所在。由于性格太过直爽，和这类人接触，经常会让人觉得尴尬不自在。

4. 急切浮躁。

这种语气在年轻人和小孩身上比较容易看到，是一种不成熟的标志。他们做事缺乏耐性，急于求成，却经常因准备不足而失败。和这类人交往，总觉得对方不太可靠。

听懂话外之意，别被自己的耳朵欺骗

人们在社会交往中，经常会因为某些原因，不想直接表达自己的真实想法。或许是由于不好意思，或许是为了照顾对方的情面，话说得比较委婉，这就需要倾听者根据说话者给出的信息，以及实际的语境情况来判断他们的言外之意了。

但实际上，很多人往往只关注耳朵听到的表面意思，容易忽略那些言外之意，产生了误解，也闹了不少笑话和矛盾。所以，与人交往的时候，仅仅了解对方言谈中的表面意思是远远不够的，还需要去思考这些言语背后隐藏的一些信息。

小李刚参加工作不久，在职场关系上，还比较懵懂。这不，上司马上就给他上了一课。

临近国庆假期，已经憧憬假期很久的小李早早便做了安排。放假前一天，不仅小李，整个办公室的同事都有些心不在焉，大家想着假期，都有些兴奋。

突然，上司走了进来，环视了一周，看起来似乎有点不悦，不过正沉浸在兴奋中的小李压根就没有察觉。

接着，上司轻描淡写地对大家说了一句："节后总部派人来检查工作，做好了可以不用来，没做好的自己安排。"说完便离开了。

小李想了想，既然是自己安排，那还是按原计划进行，而且工作早就做完了。

第二天，小李睡了个大懒觉，起床后约了朋友去外面吃饭，一直到下午回家才看了一眼工作群，发现大多数同事都在线。小李心里咯噔一下，顿时有了不好的感觉。于是他私下问了个同事才知道，上司昨天的意思可不是要给大家放假的，而是要把工作收拾完美应付总部检查。只是说得比较委婉，谁知小李完全没注意"话外之意"，一点都没听出来。

作为新员工，对工作环境和上司的说话方式还不熟悉，便要多留一份心。上司说的话，要多加揣摩，特别是上司没有明确说出意思时，更要多看多问，免得发生小李这么尴尬的事情。

不仅在职场中，在平时的人际交往中，也要多留一份心。有的人说话直爽，有什么说什么，自然不用过度解读；有的人就喜欢说一半留一半，点到为止，或是喜欢使用反语，这都与个人的性格有关，也与交流时的语境有关，倾听者要多留一份心。

如何让自己在与人沟通时更加敏锐，听懂对方的话外之意呢，可以试试以下几种方法。

1. 揣摩语言。

汉语博大精深，由此形成的表达方式也多姿多彩。再加上每个人的生活习惯、成长环境不同，导致了说话习惯也不同，比如初次见面的南方人和北方人，就很容易因沟通歧义而产生矛盾。还有老一辈和小一辈就有一些词语用法上的代沟。交际中需要揣摩对方的说话习惯，再做出判断。

2. 观察非语言暗示。

非语言暗示，包含情绪上的起伏，开心时和悲伤时，同样的话就说出了不同的意思。语气语调的变化，面部微表情的变化，比如眨眼暗示；肢体语言的暗示，比如手势脚势。这些非语言暗示能更清楚地表达对方的真实意思。

3. 大胆反问或求证。

如果感觉到对方表达的意思不够明确，或是揣摩不出其他意思，也可以当面向对方求证。比如用疑问的语气直接复述对方的话，或是说出自己的理解等。

留意口头禅，分析性格倾向

口头禅是一个人习惯性地挂在嘴边的语句。看起来似乎很随意的口头用语，其实并不是毫无意义的。它是人们心理状态的外在表现。因此，口头禅能在一定程度上揭示说话者的性格特质。

比如常说“随便”“都可以”的人大多性格随和、安于现状；常说“可能”“大概”“就这样吧”“那好吧”的人大多自信心不够，底气不足；常说“我来吧”“别担心，有我在”的人通常富有责任感，比较靠谱。

晓红和思思是同班同学，两个人学习成绩都很好，总是轮流考第一名。但是相较而言，老师们都觉得思思更有潜力，应该能考出更好的成绩，可是每次找思思谈心，她总是说：“太难了，我不会。”

而晓红喜欢挑战，每次老师出了难题，让大家带回去思考的时候，晓红总是自信满满地说：“我一定会做出来的。”而思思总是愁眉苦脸地说：“我试试吧。”

在平时课间活动中，晓红也积极参与同学们的各种小游戏，总说：“看我的。”而思思总是静悄悄地躲在一旁，同学们叫她一起玩，她也说：“我不会。”

久而久之，大家都能从思思常说的“我不会”中看出她比较消极。即便她的成绩已经名列前茅，可是并不能消除她内心的自卑和畏缩。

而晓红积极要强，充满了自信，是个很有主见的人。

口头禅是人们性格的折射，是下意识的语言。它可以帮助人们去认识一个人的性格。口头禅多种多样，但是根据其对应的性格特征，可以分为以下几类。

1.“随便”“都行”等词语。

生活中，很多人都把“随便”挂在嘴边，听起来似乎比较好相处，对人对事不会太尖锐，性格也比较随和。

但是从另一方面讲，经常使用这种口头禅的人往往缺乏主见，甚至有选择恐惧症，他们用这种口头禅来逃避选择，把选择权交给别人，喜欢随大溜。

2. “我不行”“我不会”等词语。

说这类口头禅的人有时候会显得自信心不足，性格上有些自卑，缺乏钻研的精神。这类口头禅比较消极，经常用的话，也会对自己产生负面暗示。

3. “也许”“大概”“可能吧”等词语。

说这类口头禅的人善于隐藏伪装自己，他一般不会讲出自己真实的想法，而把这些想法放在不确定的语气背后。此类性格的人处世圆融，为人冷静稳妥，人际关系通常也比较好。

4. “必须”“肯定”“绝对”等词语。

喜欢说这些词的人一般非常自信，甚至是自负。看起来很有能力，但实际上经常是随意做的保证。而总是轻易做出承诺的人，反而令人觉得不太可靠。因此这类人大多责任心不足，不过是空口说白话而已。

5. “嗯”“哦”“这个”“那个”等词语。

有这些口头禅的人一般不善言辞，平时较为沉默。也有可能是思维慢，反应较迟钝等，习惯用语气词来缓冲。这类性格的人比较沉闷，不会主动招惹是非。与人交流时，也很少夸夸其谈，隐藏较深。

6. 粗话、脏话等粗俗用语。

普遍来讲，喜欢讲脏话的人素质都比较差，或者是他们生活的环境比较恶劣。也有可能是他们的生活不太顺利，喜欢用粗话来发泄不满。

7. 网络或社会上的流行语。

喜欢用网络流行语的多见于年轻人，他们对新鲜事物相当热忱，喜欢时尚、流行的东西，也富有创造力，喜欢推陈出新，不喜欢墨守成规。

不同的性格气质，不同的穿着打扮

大多数人在购买服装时，都会无意识地按自己一贯的风格选择，潜意识里认为这种风格的服装是最适合自己的。并且，人们也常会听到身边的同事或朋友说，这件衣服适合你，是你的风格。但是，为什么会形成自己的着装风格，可能自己也说不明白。

虽然人们常说“衣品如人品”，乍听之下，似乎没什么道理，可是深究起来，所有自己亲手选购服装时所考虑的款式、面料、舒适程度等，无不体现着自己的审美、价值观、生活观、经济条件、个性涵养等。因此，无意之中我们已经通过衣品暴露出了自己真实的性格。

刚毕业的小溪，投了几份简历后，终于获得了一次面试的机会。小溪准备好简历，并且精心打扮了自己。她的衣服多是亮丽的色彩，在她看来，这些着装很适合她活泼的个性。

到了公司，她的着装果然让不少人眼前一亮，在一堆中规中矩的职业装中特别显眼，周围的人都忍不住多看她两眼，小溪很是得意。

人事经理见到小溪后的第一眼，便皱了皱眉头，直接拒绝了小溪。小溪想不明白，自己的简历都还没递上去，怎么人事经理就直接做出决定呢。不甘心的她便鼓起勇气去问经理。

人事经理朝她上上下下又看了一遍，严肃地说道：“很抱歉，我们要招的经理助理岗位要求性格稳重，做事踏实。从你这一身着装便可以看出，你的性格张扬，不适合这份工作。”

小溪一愣，经理居然从自己的着装中看出了自己的性格，而且说得分毫不差：自己确实和稳重内敛搭不上边，就是喜欢在人群中显得突出，力求存在感。于是，小溪无话可说，默默地走了。或许她需要仔细选择一个适合自己性格的工作岗位。

可见，在明眼人那里，一眼便能通过着装看透一个人的个性气质。从色彩上来说，喜欢鲜艳颜色衣服的人往往比较活泼，不拘小节，但缺乏稳重，如案例中的小溪。而喜欢素色衣服的人，相对深沉内敛，注重细节，做事比较稳妥。职场中，特别是行政类岗位多喜欢招性格沉稳的人。

服装从颜色、面料、款式、风格来看，是多种多样的。比如，有的人喜欢深色的纯棉休闲款式，而有的人喜欢深色的丝质奢华款式。虽然同为深色，但因为款式风格不同，也体现了不同的性格个性特质。下面就从风格款式入手，做一个着装与性格关联的大致分类。

1. 长袖高领的保守型。

穿着保守的人，一般性格也比较传统，为人处世相对刻板，循规蹈矩，不爱开玩笑，办事能力较强，但是缺乏创新和冒险精神。

2. 宽松休闲的慵懒型。

喜欢休闲装的人大多喜欢自由，不喜欢被束缚。他们心胸开阔，不拘小节，天性浪漫，喜欢无拘无束，不喜欢枯燥的生活和工作，为人较为亲切随意，容易相处。

3. 简单素雅的朴实型。

喜欢穿这类服装的人生活朴实，比较理性，为人真诚，富有包容心。他们在生活中亲切随和，工作中踏实稳重，尤其是女性，感情细腻有主见，勤奋上进，值得信赖。

4. 新奇艳丽的张扬型。

着装风格张扬的人一般都比较自信，性格活泼奔放，甚至容易冲动，而且大多虚荣心较强，自尊心也强，爱表现自己以博得别人的关注，又容不得别人的批评指点。

5. 轻松混搭的随意型。

喜欢混搭的人性格如同其穿的衣服一样，有时做事缺乏条理，没有周密的计划。这类人行动力较强，但是比较自我，通常听不得规劝。

6. 整洁讲究的精致型。

这类人对于着装十分讲究剪裁、面料、细节，甚至有时还会选择手工定制。款式上的中规中矩反映了他们性格上也比较内敛，但是他们在思想上十分活跃，喜欢不同的见解，也经得起挫折。

打听兴趣爱好，侧面了解内心世界

兴趣爱好是人们发自内心的一种行为，所以，它能体现出一个人的内心真实世界。具有不同的成长环境、不同的教育背景的人，所接触的事物也不相同，兴趣爱好自然也不一样。一般，性格外向的人多喜欢群体性的活动，而性格内向的人则对一个人的活动更偏爱。

对极限运动感兴趣的人，大多热爱生活，有坚强的意志和冒险精神；喜欢养小动物的人，通常内心柔软温和，当然也有可能是因为孤独，需要陪伴。总之，了解一个人的兴趣爱好，更容易了解对方的内心世界。

保险业务员小刘的业绩一直很出色，作为入行不久的新人，每个月业绩排

名都能挤进公司前十，相当不容易。于是，同样作为新人的小马在对一个客户久攻不下的情况下，便向小刘求教，请他帮忙约客户谈一谈。

客户林先生是个开连锁餐厅的生意人，由于经常受到保险业务员的骚扰，对保险业务员印象一向不佳，每次都是随便应付小马一番，便让他走人。现在见到小刘，林先生的感觉还是一样，打算说两句便让他离开。

小刘迅速观察了一下林先生的办公室，发现除了跟餐饮相关的摆设外，有一个架子上摆了许多动物标本。这是之前小马在关于林先生的资料中没有提及的，小刘立即放下资料，和林先生聊起了他的动物标本。

果然，这是林先生的爱好之一。小刘十分努力地调动起自己所有关于动物的知识储备，跟林先生搭上了话，并且虚心求教了不少问题。林先生聊得高兴，甚至留小刘一起吃午饭，他说，很少有人懂他，小刘让他刮目相看了。

接着，林先生便说起了自己不待见保险业务员的原因，原来是之前找他的那些业务员极少有能够从客户实际出发，为客户考虑的，都是为了签单拿提成，缺乏责任心。

小刘虚心接受了批评，表示以后会更加努力地学习，提高自己的专业水平。到了分别的时候，双方还意犹未尽，约好下次再聊。当然，了解了林先生的需求，小刘签下这单只是迟早的事了。

一般来说，兴趣爱好能让一个人内心产生满足感，然后为了寻找更大的满足，他会更积极主动甚至全身心投入进去。因此，兴趣爱好也会在一定程度上改变一个人的性格和内心世界。了解对方的兴趣爱好，能帮助我们快速打开话题，吸引对方注意，交往便顺利多了。

1. 对收藏感兴趣的人（如收藏古董、字画等）。

喜欢收藏的人，尤其是收藏古玩字画等，相对来说思想较为传统，对新鲜事物一般不太热衷。他们通常为人比较低调，且缺少创新。与人交往中，他们更乐于听他人的安排，但是具有很强的责任心，喜欢追求完美，有始有终。

2. 对益智类游戏感兴趣的人（如打牌、下棋、玩逻辑思维小游戏等）。

喜欢玩智力游戏的人，一般头脑都比较活跃，看待问题较为理性。他们常常喜欢用强大的逻辑推理能力来应对生活中遇到的问题。与人交往中他们对别人的信任感有些不足，总是带着怀疑审视的眼光看待周围的一切。但是一旦他们对某件事做出判断，经常很容易让人信服。

3. 对艺术类活动感兴趣的人（如喜欢绘画、声乐、舞蹈等）。

喜欢艺术的人，大多比较感性。他们有时心思细腻敏感，比较在意他人的眼光，内心也比较脆弱。他们的表现欲强，但是当一些不合世俗的行为出现时，他们会比任何人都想得到认可。

4. 喜欢冒险刺激活动的人（如热爱各种极限运动等）。

喜欢各种极限运动的人，虽然大多看上去身材健硕、动作敏捷，但同时他们也心细如发，毕竟极限运动往往有一定危险性。这类人一般性格坚韧，同时也容易固执，有很强的抗压能力，敢于挑战未知领域，喜欢追求刺激的东西，很有创新精神。生活中，他们豪爽大方，不喜欢和小肚鸡肠的人交往。工作中，他们见多识广，有胆识、有魄力，拥有较好的人缘。

生活习惯：性格的一面镜子

人的性格一部分是与生俱来的，还有一部分是后天养成的。江山易改，本性难移。受性格和环境影响，人们从小到大养成各种各样的习惯，这些习惯源于性格，又作用于性格，两者相辅相成，相互促进，形成了独具特色的个体。所以说，习惯是性格的镜子，通过观察日常的生活习惯，可以了解一个人的性格特征。

林先生三十来岁，已经做到了企业副总裁的位置。原本一帆风顺的他，却因一场金融风暴，陷入失业的困境。从风光无限的岗位到失业，不过短短几日而已。人生的大起大落让林先生顿时陷入了迷茫。但是在短暂的迷茫过后，林先生便重新开始了他的求职路。

受金融危机的影响，各行各业都不太景气，特别是林先生所在的金融行业，受到的冲击尤其大。在这样的背景下，林先生想再找到一份和之前类似的工作，更是难上加难。

然而危机与机遇并存，眼看着老牌金融机构纷纷倒闭，许多业内的新生力量强势崛起，林先生选择了一家大型的互联网集团下属的金融机构面试，面试的岗位是总经理助理。没想到，就是这样一个岗位，来参加面试的人不是学历过硬，便是工作经历可圈可点，林先生的优势并不明显。

但是最后，林先生还是从众多优秀者当中脱颖而出，顺利获得了工作。而负责面试的人解释道，林先生是唯一始终保持得体姿态的面试者，并且在最后离开房间时，又向面试官颔首告别后才离开。一个能每时每刻注重细节、保持良好习惯的人，在工作中必定也是有责任心的、可靠的。

随着人际关系越来越复杂，人与人之间的交往也变得越来越频繁和密切，从生活习惯中留心了解对方的性格，能让我们的人际交往更加高效，有的放矢。

1. 从作息时间看性格。

有良好作息时间的人，一般都很自律。不管是在学习还是工作中，他们都喜欢严格遵守既定的时间，也能高效完成既定的任务，原则性较强。相反，作息时间不规律的人，通常生活上也比较懒散、随意，不喜欢被安排，喜欢简单随意地过日子，同时也令人感觉不够上进。

2. 从姿态习惯看性格。

人的姿态多种多样，有站姿、坐姿等，每种姿态都能折射出不同的性格特点。比如，经常将双手插进口袋站立的人，通常心思较为深沉，善于谋划；正襟危坐，目不斜视的人，通常比较稳重可靠，办事周密，从不打无准备之仗。

3. 从写字习惯看性格。

正所谓“字如其人”，一个人的笔迹与性格具有相当高的吻合度。通过分析一个人字的结构、力度等特征，可以透视他的个性、气质及思想。

比如，字体圆润的人，通常性格随和，性情内敛，一般不与人发生冲突，奉行中庸之道；字体细小的人，通常为人心细，做事谨小慎微，在工作中较为专注，善于观察，而在生活中则有些懦弱，自信心不足。

4. 从饮食习惯看性格。

“民以食为天”，大到各大菜系，小到每家每户的餐桌，都有其各自的特点。不同的饮食习惯也折射着不同的性格特点。

喜欢吃辣的人，往往热情大方，心思单纯，但是发起脾气来，也如辣椒一般火暴；喜欢甜食的人，大多性格温和，在为人处世上也较为保守，喜欢简单恬静的生活，不喜欢冒险。

了解文化背景，透视对方的思维习惯

文化背景包括物质文化背景和精神文化背景，它是人类社会在漫长的历史发展中形成的，具有比较稳定的特点。由于不同民族、地区的发展不同，所形成的文化背景也有很大的差异。

思维习惯也称思维方式，是人们在长期的学习、工作和生活实践中所形成的思维模式。不同的思维习惯表现在人们看待事物的角度、方式和方法的不同。在人们的言谈举止中，思维习惯起着决定性的作用。

思维习惯与其文化背景密切相关，是其文化背景下各种性格特征在思维上的体现。文化背景不同，呈现的思维习惯也不尽相同。因此，在人际交往中，了解对方的文化背景，可以在一定程度上透视对方的思维习惯。

小明出生在一个落后的地区，但是他通过不懈努力，终于考上了一所985院校的机电专业。作为从山沟沟里飞出来的凤凰，小明非常努力，不管多难的专业题他都能轻松攻克。他是所在专业领域里最优秀的学生之一，即便是放在清华北大的学子中，也毫不逊色。

可是学了三年后，正当教授建议小明申请保研北大时，他却犹豫了。教授不明白，他觉得小明的天赋很高，专业素质过硬，只要多加培养，将来必定能搞出一流的学术成果。

可是小明考虑的是，家乡正在搞开发建设，政府大力扶持，村民们跟着开店办厂，赚了不少钱。他家里人也正计划大干一场，甚至希望他直接退学回家，赶上这一波开店潮。

教授听完小明的想法后，有些失望，向他问道："那学习对你来说，有多大的意义，你对这个专业是真心喜欢、感兴趣的吗？"

小明回答道："专业是老师帮忙选的，谈不上喜不喜欢。"

教授感到非常失望，在他看来，小明是个非常优秀的苗子，将来的成就肯定不可限量。但如果他的兴趣不在专业研究上，那很容易因为别的事情而中途放弃。

教授和小明成长的文化背景不同，导致了他们的思维方式也不一样，所做的人生选择也截然不同。

人的成长环境自有它独特的文化背景，案例中教授并没有对小明的文化背景进行调查，理所当然地认为小明和他想的一样，结果却是南辕北辙，让他失望至极。

因此，不管是在教育领域，还是在交际领域，了解对方的文化背景，侧面了解对方的思维方式，才能更有针对性地与对方进行交流。

要了解对方的文化背景，一般从以下几个方面入手。

1. 地域性。

中国地大物博，地域性差异非常大。比如，南方和北方的气候、地形都不一样，也孕育了南方人和北方人不同的性格、不同的思维习惯。如北方人多豪爽、强悍，做事讲求实际；南方人多婉约、浪漫，富于幻想。

2. 民族特色文化。

各族人民在其历史发展过程中积累下来的独特的民族文化。不管是在饮食、着装上，还是在语言、风俗习惯上，各民族之间都有差异。如果不了解这些差异，很容易在人际交往中产生误解和不便。

3. 成长环境。

不同的文化环境、知识结构、价值观念，势必影响个人思维方式的形成，上面的案例便是如此。因此，在不了解对方的情况下，不要将自己的思维方式强加在对方身上。

用“心理透视法”摸清对方思路

心理透视是指通过客观分析他人在遇到具体事件时产生的心理活动的过程，从而推测出对方的心理状态，以及在这种状态的控制下，他对客观世界所呈现的主观心理反应，也就是对方的为人处世的方法。

人的心理活动是非常复杂的，受大脑控制，在心理发展的过程中，对同样的事情，会产生千差万别的想法，形成具有个人特色的人格。但是万变不离其宗，只要了解一些“心理透视法”，就能很容易地摸清对方的思路，预判对方可能会出现的行为模式，从而在交往中掌握主动权。

马大姐是个公认的砍价高手，她性格开朗，在小区里跟邻居们也相处得不错，而大家在知道了她总是能以非常优惠的价格买到各种东西时，都羡慕不已。于是，渐渐地，便有邻居约她一起逛街，请她帮忙砍价。

按马大姐的经验，她一般不进专卖店，因为专卖店的价格定得比较死，基本不能砍，就算有内部员工价，也差不了太多，完全满足不了她的砍价需求。

而她最常逛的就是基本看不出什么牌子的杂牌店，这种店商品的质量参差不齐，挑选时除了要有“火眼金睛”之外，还要懂得老板的要价思维。以马大姐的经验来说，一般放在显眼位置的主推款，价格都比较虚，而放在不显眼的地方的衣服，价格相对实在一点。

今天她就看中了一件冬装外套，但是拿在手里看了几眼后就挂了回去，又找了旁边的几件看了看。最后，她勉为其难地对老板指着那件外套说，我试一下这件吧。

试穿完毕，马大姐又挑剔了一些细节。这件外套老板的报价是800元，这个价格显然不在马大姐考虑的范围之内，只见她皱着眉，又看了看，将衣服还给了老板。老板赶紧说道：“要是喜欢，可以便宜点。”马大姐回道：“你这价格太离谱了。”老板赶紧接话：“多少你可以接受？”马大姐沉默了一会儿，勉强地说：“300元。”

老板好似有一瞬间的恼怒，不过很快就平静了下来，冷着脸道：“大姐，砍价不是你这样的，你要是有意向，600 元给你。”

一下少了 200 元，马大姐知道这里面还是有空间的，不过老板的底线在哪里，她还不太清楚，于是她又驻足了一会儿，才转身准备离开，这时老板又追着她喊道：“500 元给你，最低了。”

最后，这件外套被马大姐以 400 元的价格买下了，而这个价格对老板来说虽不至于赔钱，但肯定也没赚到多少。

案例中，马大姐洞悉了老板的思维，整个购买行为始终掌握着主导权。首先，她表现出对衣服的不满意，使老板不敢报离谱的高价宰客。其次，她通过非常低的价格，试探出老板的降价空间。最后，她利用转身离去的动作，让老板被迫降价留客，非常高明地将价格压到了最低。心理透视能够帮助人们运用各种心理规律去了解和预测对方的思路，也可以帮助人们从对方的言语或行为中寻找应对办法。

另外，人的思维方式不是一成不变的，会随着身份和地位的改变而改变。因此，即便是比较熟悉的人，一旦身份和地位发生了改变，那么思维方式也会随着发生改变。这种时候，就不能用以往的思维来判断对方，而要重新审视对方，抓住对方的关注点。在交流过程中，通过细心的观察和试探，了解对方的新想法、新思路，摸清对方的心理变化，这样才能更好地理解对方。

CHAPTER 03

第三章

管理“印象”，增强自身的人际吸引力

外表和内涵：影响第一印象的重要因素

通常情况下，人们对一个人的印象，第一来自外表，第二来自内涵。一个人的外表，不仅反映了他的审美，也透露了他的修养。一般而言，一个注重外表形象的人远比一个不修边幅的人更容易受欢迎。

作为影响第一印象的首要因素，外表包括人的仪表仪容和肢体语言。特别是在社交场合，打扮得体、举止文雅的人更能获得人们的青睐；而在职场，这样的人也更容易获得上司和客户的肯定。

肖岩踩着点急匆匆地往应聘公司跑，终于在最后一刻赶到。人力资源部总监抬头看着站在面前的肖岩，只见他头发凌乱、满头大汗，上身穿着一件宽大的短袖衬衫，下身穿着牛仔裤和运动鞋。肖岩整个给人的感觉是邋里邋遢，不修边幅。

人力资源部总监又看了看肖岩递过来的简历，有些疑惑地问道："你就是肖岩？研究生学历？"肖岩听出了人力资源部总监话里的怀疑，窘迫不已，赶紧点了点头。

接着，人力资源部总监将信将疑地提了几个专业的问题。幸好，在自己的强项上，肖岩一向都非常自信，回答得非常精彩。

最后，人力资源部总监考虑再三，还是留下了肖岩的简历，通知他第二天来复试。

第二天人力资源部总监上上下下又打量了一遍肖岩，干净整洁的衬衫、西装裤、皮鞋，头发也梳得很整齐，精神饱满，与昨天判若两人。人力资源部总监有些诧异，忍不住跟肖岩说：“本来昨天不打算给你机会的，你知道为什么吗？”

肖岩摇摇头。

“因为你给我的第一印象就是邋里邋遢、十分散漫，要不是后来你回答问题时表现很出色，初试就通不过了。”

肖岩听完，有些不好意思地说道：“昨天在来的路上，看到一个老人不慎摔倒了，伤得不轻，送他去医院后，把衣服弄脏了，只好就近到同学家换了件衣服，时间太赶，到公司的时候才那么狼狈。”

人力资源部总监越听越满意，拍着肖岩的肩膀说道：“幸好我没有因为你给我的第一印象而拒绝你，还是给了你机会。不过将来的工作中，还是要千万注意自己的形象，毕竟不是谁都能像我这么理性的。”

事实证明，肖岩确实很出色，很快就成了公司的骨干、老板的得力助手。

反过来说，如果衣着得体整齐，但是胸无点墨，言谈举止粗俗不堪，那给人的第一印象便很可能是个绣花枕头，不仅不会给人留下好印象，反而会让人觉得为人不实在，虚有其表。能给人留下好的第一印象的因素，一般包括以下两个方面。

1. 当人们面对面交流时，第一印象的形成主要依靠外表。但这里的外表是广义的，不仅仅有衣着打扮，还包括各种肢体动作、体态神态等。

2. 当人们通过电话等无线方式交流时，第一印象主要来自语言表达。各行各业的客服人员，讲话总是温柔亲切。因此，语调、语气、语速以及语言表达的内容，都是第一印象的重要形成因素。

关键七秒钟：管理好你要传递的形象

形象的重要性不言而喻。通常，我们说的个人形象管理是指通过对个人着装、神态、体态等方面进行有效的训练和管理。

有调查显示，在人际交往中，对他人产生影响的首要因素就是形象，其次是肢体动作，最后才是语言。而且保持良好的形象，不仅是对自己，也是对他人最基本的尊重。

一般来说，陌生人初次见面仅需七秒钟就能建立起第一印象。在这初次见面的七秒钟内，双方足以将对方从头到脚地打量一遍。因此，要想让自己在这七秒钟内给人留下美好的第一印象，就必须懂得如何通过服饰、举止、神态来展示自己。

晓莉从南方北上后，在北京工作了许多年，养成了穿职业装的习惯：总是喜欢穿着深色的套装，提着男性化的公文包，以此显示自己的成熟与专业。已经工作多年的她成绩不错，后来跟公司申请调回了南方的分公司。

虽然是在家乡，但是因为未曾在南方的职场里摸爬滚打过，还是会有一些不适应，导致她业绩明显下降。晓莉感到非常困惑与苦恼，后来经同事提醒，她才发现问题所在。原来是晓莉的着装过于正式，让人觉得严肃没有活力，也不够女性化——与南方人的穿衣风格截然不同。了解了症结所在后，晓莉换成了女性化的职业套装，并且化了淡妆，换了淑女款式的背包。

重新打扮的晓莉，再次约了客户见面。之前对她冷若冰霜的客户再次见到她的一瞬间，便露出了温和的笑容。少了疏离感，多了亲切感，久攻不下的客户很快成了晓莉的合作伙伴。

在人们的惯有印象中，讲究穿着的人往往意味着他的修养也较高，而不修边幅的人却很容易让人怀疑他的能力。可见，在社交场合中，管理好个人的形象是多么重要。外在形象作为社交场合最吸引目光的部分，理应得到人们的重视。

1. 找到适合自己的穿搭风格。

服装不用说，选择适合自己的比盲目选择贵的更好。学一些基本的搭配常识、着装礼仪的注意事项等，以应对不同场合的要求。

2. 注重面部表情管理。

一般来说，初次见面时大多数人都会表现出友善的态度，如面带微笑，或是点头打招呼等。如果不能控制自己的面部表情，做出非常夸张或有失身份的动作，很容易招来对方的厌烦。

3. 管理自己的形体姿态。

一个昂首挺胸的人比一个垂头丧气的人更容易让人感到愉悦和信任。管理自己的形体姿态，就是不管是坐着还是站着，甚至是走路的时候，都要在见到对方的那一刻，将良好的气质形象展示出来，就算是对方匆匆一瞥，都能给对方留下深刻的印象。

近因效应：把握好每一次“最近的交往”

近因效应又被称为新颖效应，是指人们在交往中，会因最近一次发生的事情改变既有的看法。许多人都会受到近因效应的影响，认知结构简单的人往往更容易出现近因效应。

在实际交往中，人们通常容易忘记许久以前的事情，而最近目睹的场景却还历历在目。比如，两个关系很好的朋友，因为其中一个人的行为让另一个人觉得自己被欺骗了，接着受到伤害的人就会怀疑对方是否一直都在欺骗自己，而自己一直被蒙在鼓里，直到最近才发现——所以，多年的友谊可能说掰就掰了。

小陈一毕业就进入了一家电子商务企业做客服，一直工作了五年多。这五年多里小陈虽然工资待遇和职位有所提升，可她总觉得日子太过平淡，是时候出去找找机会了。于是，她积极寻找机会，终于在这一年年底跳槽到另外一家企业做了部门经理。

在离开原来的公司前，老板特意找到小陈，两人进行了一次促膝谈心。老板虽然也对小陈的离开表示惋惜，但还是大方地给了她许多建议和意见，并且丝毫没有因为她的跳槽而感到不悦。最后，老板亲自送小陈出了办公室，脸上始终挂着微笑，还邀请她有时间回来看看。

这五年来，小陈一直很少有机会和老板说话，一直以为老板是一个严肃的人。可是经过这一次的长谈，老板给她留下了深刻的印象，甚至在离开的那一刻，她觉得自己有些对不起公司，对不起老板的栽培。

到了新公司后，刚好小陈负责的项目和原来的公司在业务上搭得上线，她便想方设法促成了两家公司的合作，并形成稳定的合作局面，达到共赢的效果。小陈觉得这样也算是自己对原公司以及对原来老板的一种感谢和回报吧。

从上面的案例可以看出，如果不是因为近因效应，小陈对原公司的感情其实比较淡薄，而和老板的一次深谈，让她重新认识了自己服务了五年的公司，由此产生了感动和愧疚，并且使她在日后工作中，尽量找机会回报原公司，可见近因效应的强大。

因此，我们在人际关系中，要善于利用近因效应原理，把握好每一次的“最近交往”，把每一次的“最近交往”都当成重要的机遇，不断改善自己给人留下的印象，那么，我们的人际关系也会逐渐趋于良性，收获更多的善意和帮助。

多看效应：适当提高见面的频率

多看效应，是指人们对越熟悉的东西越喜欢的心理现象，也叫曝光效应或是熟悉定律。虽然这是一个心理学上的概念，但它在实际生活中也很常见。

比如生活中常见的广告宣传，当人们看到一个经常做广告的产品和一个从不做广告的产品时，下意识地会选择自己熟悉的产品，这就是多看效应带来的影响。

有些人在与人初次见面的时候对对方并没有什么感觉，或者还觉得对方很丑，但是之后见面次数多了，就越看越顺眼了，甚至还觉得对方在某些方面很有魅力，很吸引人。因此，善用多看效应，经常出现在自己喜欢的人面前，也会增加对方对自己的好感，留下不错的印象。

琳琳刚刚大学毕业，就被家人催着相亲了。家人的观念比较传统，而琳琳又比较听话，于是也不反对，就抱着试一试的心理，与男方见面了。

初次见面，琳琳感到对方并无出彩之处，相貌普通，家境一般，学业平平，实在不能吸引她的注意力。于是两个人简单地聊了几句后，就各自回家了。

后来，琳琳找了一个工作，离家有些远，一个人在陌生的城市居住，也比较孤单。恰巧有一天，她在商场碰见了之前相亲的那个男子。在这个陌生的城市，碰见一个还算认识的人，双方都很开心，也很欢喜。

之后，两个人经常约着一起爬山、看电影。时间长了，琳琳逐渐发现对方也不是一无是处，比如脾气很好，人也细心，虽然长相一般，但是鼻子很挺、头发浓密，这些细节都成了他的优点，他也成了琳琳越看越喜欢的男友。而琳琳在对方眼里，也从一个毫无吸引力的女孩子，变成了一个温柔大方、善良美丽的女子。

到了年底，双方便互相见了家长，开始谈起了婚事……

这种日久生情的爱情，便是双方在不停接触，多看多了解中产生的。如果他们两个人没有在陌生城市接触的机会，那便没有后来的爱情了。

多看效应在日常生活中运用得很广，不管是在学习、生活、工作中还是恋爱、家庭中，多看效应都无处不在。但是在利用多看效应为自己增加好印象的时候，还要注意以下三点。

1. 良好的第一印象。

要发挥多看效应的积极作用，给对方的第一印象必须是良好的，至少不能是坏印象。如果第一印象极差，本身已经让对方厌恶了，那么再多出现在对方面前，也只会产生消极作用，让人觉得更加讨厌。

2. 适当的曝光频率。

再好听的歌曲连着听上几百遍也会厌倦，再好吃的东西连着吃上几天也会吃不下。凡事都应有个度，否则过犹不及。在运用多看效应，提升自己的曝光频率时，还要注意观察对方的神情，如果对方开始感到不耐烦了，就要适当调整距离，降低曝光频率，不要让对方从不耐烦变成厌恶。

3. 合适的出现时机。

多看效应还受出现时机的影响，比如，男生追求女生时，出现在她需要帮助的时候或在她孤单的时候，能增加她的好感；而不是随时随地地出现在对方面前，打扰对方的正常生活。再比如，在工作中，出现在领导刚好需要人协助的时候，而不是在领导的重要会议上打断他。

曼狄诺定律：微笑会产生巨大的魔力

“曼狄诺定律”又称“微笑定律”，是美国作家奥格·曼狄诺提出的。他认为，微笑是世界上最美的语言。伟大的推销员乔·吉拉德曾经说过，当你微笑时，整个世界都在笑。

微笑是一种很积极的情绪表达，而且这种情绪极具感染力。当两个人的目光相遇时，一个人面带微笑，另一个人也会立即展示他的笑容，两个人之间的气氛便瞬间融洽起来。

所谓“伸手不打笑脸人”“一笑泯恩仇”说的都是微笑的魔力。微笑可以消减敌意，拉近人们的距离，促进良好人际关系的形成。

雷先生是某保险公司的一名普通的推销员。他相貌平平，口才一般，甚至连学历都不高，只有初中学历。初入保险行业时，所有人都不看好他，但他硬是坚持了下来。

雷先生工作的前半年，没有业绩，没有收入，生活过得极为艰难，甚至一度到了借钱度日的地步。但是他没有放弃，每天坚持学习，总是面带微笑，与人为善。

对此，雷先生说他是在效仿他的偶像原一平先生——那个日本签约保单最多，最成功的保险推销员，而他的微笑被称为“全日本最自信的微笑”。原一平曾说，不要小看微笑，微笑和自信是助你成功的一种方式，又是不可缺少的方式。

出于对原一平的敬佩，雷先生不断地训练自己的微笑，努力用微笑来弥补自身的欠缺。

功夫不负有心人，终于，有一个客户被雷先生的微笑感染了，于是跟他签了第一份合约。从那以后，他更加坚信微笑的力量，不仅在工作中面带微笑，即便是在生活中，他也始终是笑脸相迎，为自己积累了极好的口碑和人际关系。这为他日后成为销售冠军打下了基础。

人生不如意之事十有八九。如果每个人都是郁郁寡欢，生活在无尽的抱怨和不满中，那生活必定回以同等的艰难。所以，不论遇到多大的困难，生活有多么艰辛，都不要忘记微笑。因为微笑就是有这种力量，它能减弱你的困难，弥补你的运气和才能的不足，让一切都变得美好起来。

在人际交往中，运用微笑，发挥微笑的魅力，可以带来意想不到的效果。但是在充分运用微笑的魔力时，有几个小细节需要注意。

1. 微笑要自然真诚。

虚情假意的微笑非但不会让人感到舒适，反而容易引起人的反感。只有发自内心的真诚笑容，笑得坦荡自然，才能让对方感受到友善，拉近彼此的距离。

2. 微笑要主动。

有些人内向，不喜欢主动挑起话题，但是可以主动微笑。比如，在对方先和自己打招呼时，主动报以微笑；当对方需要自己帮忙时，主动微笑，即使是拒绝，对方也会更容易接受。

3. 微笑要看场合。

不是所有的场合都适合面带微笑，比如重大事故现场、追悼会现场等。当所有人都在为发生的事情深感难过时，如果有人表现出不合适的微笑，那必定会成为众矢之的。

中心性品质法则：发挥“热情”的魅力

充满热情的人常常让人感受到他旺盛的精力和朝气蓬勃的面貌。他们的热情会感染身边的人。许多人都会感觉到，和热情的人在一起，生活也会变得充满阳光，充满活力。

和沉默寡言的人相比，热情的人总是能获得更多的关注和支持。一个充满热情的老师在课堂上总是比一个板着面孔的老师更能带来活跃的气氛，一个富有热情的领导也更容易获得职员的支持。

热情是一种性格。热情的人不管是在人际关系中，还是在工作中，甚至是在家庭生活中，都显得极为成功和幸福。而始终保持热情也是一种优秀的品格。

在南方某小镇的海鲜市场里，有一家门面不大，生意却极好的海鲜店。能在众多的海鲜店中脱颖而出，靠的其实是产品之外的东西。

据说，早前这家店是老板的父母在经营，几十年下来也积累了不少的老顾客，但是生意与其他店铺相比，也只是中规中矩。老两口给儿子娶了媳妇后，便退休了，把店铺交给了小两口经营。

儿媳妇是个热情大方的湖南妹子，见人就笑，头一回做生意，一点都不怯场，帅哥美女叫得亲切不已。老顾客自不必说，新顾客都被这边清脆的吆喝声给吸引了过来。本来性子沉默的老板也被自家媳妇的热情感染了，再加上生意越来越好，做起事情来也更加有干劲。

反观周边店铺的老板，本来生意被抢就已经心情很不好了，再整天看着小两口的海鲜店，满脸都是愤恨的神情，哪里还有什么热情可言。

热情能给人带来正能量，让人阴郁的心情一扫而光。可是人们却经常因为各种烦心事的困扰而显得萎靡不振、沉默寡言。当然，热情也是有限度的，过分热情的人不仅不会让人觉得亲切，反而会引起人的不适，总觉得热情的表象下藏着不可告人的目的。

因此，如何才能表现出适度的热情，让热情助力我们的人际关系呢，有几个简单的训练方法。

1. 练习微笑。

热情的人脸上必定常挂着笑容，真诚微笑的人容易让人感到亲切。不论在工作中还是在生活中，微笑都是最容易打动人心、广结善缘的表情。

2. 训练自己的肢体语言。

肢体语言有很多种，不同的肢体语言传达出不同的心情。而能充分表示热情含义的肢体语言也不少。比如，一些开放性的姿势就比防守性的姿势更显友好；双臂放在两侧或是张开双臂让人感觉亲切，而双手抱胸或是交叠于身前就属于不友好的拒绝姿势。再如，谈话时身体前倾而非后仰，见到人时主动打招呼或是主动握手，倾听时看着对方的眼睛或不时点头回应等，都是热情的表现。

3. 学会关心身边的人。

生活中，大家都难免有沮丧、难过等情绪低落的时候。当发现身边的朋友“不对劲”时，适当地表示关切、安慰；在他们遇到困难时，伸出援助之手，都能为自己树立好形象，带来好人缘。

4. 分享让人愉悦的事情。

收集生活中令人愉悦的事情，及时分享给身边的人，正所谓独乐乐不如众乐乐，将欢乐的情绪传递给身边的每一个人。

5. 多参加户外运动。

生命在于运动，运动不仅能让人保持健康，养成积极向上的性格，还能让人充满活力。有活力的人自然不会缺乏热情。

展现自信，赢得他人的赏识与尊重

自信，是一个人对自己能力的正面评估。自信是一种积极的心态，是发自内心的一种自我肯定。自信的人不管是说话还是做事，都会展现出自信的风采。

自信的人因为对自己充满了信心，不仅在做事上更容易成功，在吸引别人的目光，得到他人的信任和赏识方面，也多了许多机会。比如，在销售员培训工作中，自信的训练通常被列为重要的课程。一个自信的销售人员比一个胆怯的销售人员更容易获得客户的好感，赢得客户的尊重和赏识。

在学习中，自信的学生能得到老师更多的关注，学习上也更容易进步和突破。

里美刚到美国留学的时候，是个非常腼腆害羞的女生，并没有意识到自信能给她赢得赏识和尊重。

因为身处异国他乡，里美和同学们讨论问题时都不太敢大声说话，更不用说在课上和老师互动了。再加上国外的老师喜欢让学生阐述自己的观点，经常要求学生上台做展示，里美每次都是紧张害怕，担忧得语无伦次，不知所云。

记得有一次，教授看到里美做的课堂笔记认真仔细，于是请里美站起来和大家分享自己的学习心得。里美一下子蒙了，她没有任何心理准备，面对同学们期待的目光，里美嚅嗫着说不出话来，并且心跳加速，脸也越来越红了，两手的指尖甚至在发抖。

教授和同学们都感到非常失望，此后，里美的留学生活更加孤独，不仅同学们不喜欢和她玩，就连教授也变得不太关注她，似乎把她当成了一个极差的学生。

里美渐渐发觉，班上的同学来自世界各地，那些自信的学生，不管他们来自何处，都能跟同学们玩得很好，并且受到大家的赏识和尊重。

里美意识到自己性格上的自卑，她下定决心改变自己，让自己在同学们面前自信起来，也得到他们的赏识和尊重。她除了学习更加刻苦外，还参加了许多课外活动，锻炼自己的胆量。慢慢地，里美的朋友多了起来，而她也开始变得自信。

终于有一次，教授在讲到一个复杂的课题时，班上的同学大多回答不出来，而这个课题正是里美潜心研究过的。她鼓足勇气举了手，教授的脸上显出一丝讶异，带着一丝怀疑的目光请里美来回答。

里美克服了心里的恐惧，将自己的理解清晰地表达了出来。由于里美的见解深刻、条理清晰，教授和同学们都不由得被她的表现折服了。教授的眼里终于出现了欣赏的光芒，他给予了里美非常高的评价。同学们都为里美鼓起掌来，向她投来赞许的目光。

案例中，当里美终于明白，自信的人更能获得别人的赏识和尊重后，才下定决心改变自己。自信的光芒渐渐笼罩了里美，她也变得越来越出色了。可见，自信除了能提升自己的形象外，还能督促自己进步，让自己成为更好的人。

尽管自信如此重要，可现实生活中还是有很多人缺乏自信。那么，应该如何锻炼自己的自信呢，可以看看下面几个小方法，或许会有一定的帮助。

1. 离开角落，出现在显眼的位置。

不自信的人在学习时，都喜欢坐在角落，以期避开老师和同学的视线，希望大家将其遗忘。开会时，他们往往也会选择角落或是离老板最远的位置，希望不要被老板过多地关注。生活中，他们更是处处忍让，不敢出头，过得比较憋屈。

久而久之，他们会变得越来越不自信，越来越退缩。

想要自信，就必须离开这些角落，勇敢地出现在显眼的位置，让自己坦然接受大家的目光。只有出现在显眼的位置，你才能得到更多人的关注，才能有更多的机会展示你的才华，得到人们的赏识和尊重。

2. 大胆正视别人的眼睛。

不自信的人在与人谈话时，经常害羞窘迫，目光游移，不敢正视对方。可是在对方看来，这却是一种不尊重人的表现，甚至会让对方觉得你是在他面前心虚慌张，将有对他不利的行为。这当然是非常糟糕的情况，没有人会愿意跟一个看起来不坦诚的人交往。

只有勇敢抬起头来，目光坦诚，微笑着正视对方的眼睛，让对方从你的眼睛里读出你的喜好厌恶，对方才会觉得安心，觉得你是一个值得交往的朋友。

3. 笑着面对生活的对与错。

有的人情绪外露，开心难过都写在脸上；有的人内敛，心里翻江倒海，外表看起来却十分平静。虽然说沉默的人不一定就不自信，但是不自信的人却可以通过情绪外露让自己慢慢变得自信起来。

如果遇到开心的事情，那就大声笑出来，让身边的人也感受到你的快乐；如果遇到令人沮丧的事情，那就微笑面对，没有什么大不了的，跌倒了还可以爬起来。

4. 自我暗示“我能行”。

自我心理暗示有着极强的内在力量，虽然看起来不过是几句为自己打气的话，但如果能天天坚持，不断给自己打气的话，不知不觉，大脑就会判断你是真的如你所想的那样——你是最棒的，你一定能过关斩将，高效完成任务的。

一旦大脑形成了这种判断，无论做什么事情，你都会在心里自然产生自信的念头。

虽然自信可以充分展示一个人的魅力，但是也要注意，不能走入自信的误区。

1. 自信不等于受欢迎。

一个人在交际中，是否能受到人们的欢迎，得到人们的尊重，是受许多因素影响的。空有自信，而忽略了其他的方面，如知识储备、谈吐举止等，也难以得到想要的结果。

2. 不是成功后才有自信。

有的人认为，因为还没有成功，所以不自信，等自己有一天成功了，就自然有了自信。但是自信与成功是互相促进的，拥有自信的人更容易取得成功，成功的人则会更自信。

3. 自信过头是自负。

自信不是盲目地自视甚高，有些人看不清自己的实力，容易自信过头。也许他曾在某些方面取得过一些成绩，但这不等于他在所有领域都能鹤立鸡群。因此自信的同时也要脚踏实地，相信自己能通过努力获得想要的，而非相信自己无所不能。

寻找合理化理由，弥补受损的形象

人们在实际生活中，总会遇到一些突发的或者意外的状况，这种状况可能直接影响了一个人的形象。比如，无意中的一句话，让人误解了，产生了尴尬的误会，而又解释不清楚。

当出现这些意外情况时，不要急于解释，而要保持镇定，迅速思考如何应对这个局面，可以转移对方的注意力，或是为自己找个合理的理由，并且让对方相信自己，重新对自己产生好印象。

晨明大学毕业后就直接进入了现在的公司工作，到现在已经五个年头了。

这五年来，他从一个行政助理，慢慢地升为总经理助理，事业发展还算顺利。

一天，晨明突然接到一个陌生的电话，原来是公司的竞争对手看中了晨明的工作能力，委托猎头花重金来挖他。晨明虽然惊讶，但也有些得意，觉得自己的才华终于在行业内得到认可了，因此就跟猎头小姑娘多聊了几句。

恰好老板有事来找晨明。老板是个40多岁的女性，不仅有能力，心也细。她刚走到门口，就听到了晨明似乎在聊自己的基本情况和岗位职责，于是便猜想，晨明可能是想跳槽了。

晨明回头看到老板，顿时尴尬不已，但是此时就算他马上挂了电话也解释不清楚了。老板明显严肃了，交代完事情便离开了，全然没了往日微笑亲切的模样。晨明懊恼极了。要说跳槽他真是没有这个想法，虽然对方给的工资更多，但他是个求稳的人，况且在这里受到老板赏识，跟着老板也学了不少东西，做人不能这么不厚道。

但是，从那以后，晨明明显感觉到了老板对他态度的变化。公司里较为机密的事情，老板都不再交给他做，甚至出去应酬，也不会再叫他了——他变得越来越清闲了。晨明心急如焚，思来想去，想到了一个办法。

这天，趁着午休时间，晨明约老板去楼下的咖啡厅，说是有些事情想请教她。老板一听，以为晨明终于要摊牌了，欣然答应。

谁知，晨明一坐下来就愁眉苦脸道，最近家里给他介绍了个对象，自己相处下来，感觉还可以，但是总觉得那女孩意图不明，总是撺掇着自己换工作。因为她是做猎头工作的，叫他帮忙介绍业务，给她冲业绩。他说自己很苦恼，这个女孩天天给自己打电话，到底是喜欢自己，还是只为了她自己的工作。

老板一听，疑惑地问道，那天的电话是不是她打的。晨明赶紧点头，那是第一次联系。听到这里，老板心里对晨明的猜疑瞬间就消除了。原来之前是她误会了晨明。心情大好的老板还给晨明分享了一些与女孩子交往的技巧。当然，关于这个做猎头的小姑娘，老板也建议他慎重考虑。晨明适时地恭维了一下老板，并且表示自己一定认真考虑老板的建议。

两个人相谈甚欢，又找回了之前的默契。

案例中的晨明是个聪明的年轻人，他知道老板误会了自己，但是在没有绝对把握能让老板相信自己之前，并没有急着去解释，因为那样只会适得其反，而是用了一种委婉的方式，向老板表明自己的态度。

再加上老板身为女性，对其他女性的行为能够有同理心，对于晨明的求助，自然能给出她的经验和判断。因此，通过晨明合理的理由，老板改观了对晨明的印象，两个人恢复了之前的交往方式。

因此，当遇到一些有损自身形象的事情时，一定要沉住气，先冷静下来，接着认真分析问题出在哪里、给别人带来怎样的误解、可以从哪些方面进行调整等，只有充分考虑了细节，才能找到有效的解决方案。

3A法则：成为最受欢迎的人

3A 法则是美国学者布吉林教授提出的，它的核心内容是说如何在人际交往中通过接受（accept）、重视（attention）、赞美（admire）这三种方式向别人传达友善。

大家都知道，在人际交往中，除了彼此的共性外，每个人都有自己的个性，这些个性可能是由于文化背景、教育经历不同形成的，也可能是由于地域差异产生的。

王教授不吃猪肉，因为吃猪肉会过敏。

有一个学生比较调皮，认为王教授的这个问题主要是心理作用。有一次，这个学生在食堂吃饭时，偷偷地在王教授的鸡肉餐里掺了点猪肉末，想看看王教授的反应。王教授在不知情的情况下，便吃了下去。果然，下午讲课的时候，王教授突发荨麻疹，脸上赤红一片。众人大惊，立即将他送到了医院，检查结果正是因为吃了猪肉过敏。

搞恶作剧的学生有一点愧疚，下午放学后，也和同学去了医院看望王教授。但他见到王教授已经退了赤红，看起来与常人无异，便埋怨起同学们大惊小怪，甚至埋怨王教授小题大做，害得他内疚，说完便拂袖而去。

后来，学校对这个学生做出了通报批评的处理，不过大度的王教授很快就原谅了他。大家都称赞王教授的师者风范。

结合 3A 法则，从案例中可以看出，搞恶作剧的学生不但不懂得理解、尊重王教授的饮食习惯，还明知故犯，故意搞恶作剧试探他；而且事后更是一点都不尊重尚躺在病床上的教授。这样的人不受欢迎是理所当然的。

而教授的态度却赢得了大家的认可，他原谅了搞恶作剧的学生，体现了他对学生的尊重。王教授通过这次事件收获了别人的尊重和赞美。

要利用好 3A 法则，就要从以下这三个方面来检视自己。

1. 接受对方。

（1）接受对方的不同。不论对方是什么身份、什么地位，我们都应给予足够的尊重，不能因彼此不同而排斥对方。

（2）接受对方的风俗习惯。风俗习惯是人们在长期的社会生活中形成的具有当地特色的行为习惯，不同的风俗习惯造就了多姿多彩的生活。我们要本着入乡随俗的原则，接受并尊重对方的习俗，方容易获得好感。

（3）接受对方的交际礼仪。不同文化在交际礼仪上具有显著的差异，比如日本的鞠躬礼仪、法国的贴面亲吻礼仪等，都是传达友好的交际礼仪。

2. 重视对方。

做到了接受对方，第二个需要践行的原则是重视对方。首先，在行为动作上尊重对方，比如，双手接过对方的名片时，记住对方的名字，然后郑重地收好；其次，还要善于发现对方的优点和长处，时刻替对方着想，让对方感到被重视的愉悦之感。

3. 赞美对方。

每个人都希望自己被别人认可，不管是在哪一方面。因此，由衷的赞美会给人带去愉悦的心情，也会给自己带来良好的人际关系。对方会因为你的赞美而信心十足，也会因为你的赞美而加深对你的印象。

3A 法则如此好用，但是在实际生活中，也要注意一些误区。

接受是指接受对方的全部，若是选择性接受，那不如都不接受。

重视是指重视对方的善意，重视对方的优点，而非重视对方的缺点。若拿对方的缺点大做文章，会产生糟糕的结果。

赞美是指恰到好处地赞美对方的优点，而非脱离实际，溜须拍马，虚情假意。那样不仅会让人不舒服，还会让人怀疑你的诚意。

吸引定律：物以类聚，人以群分

吸引定律又称为吸引力法则，是指当某个人的思想精力集中在某一个领域时，便会吸引和这个领域相关的一切人和事。换句话说，就是有共同兴趣、爱好的人会互相吸引，形成一个圈子。

“物以类聚，人以群分”，说的也是具有相似喜好或是性格品质的人，往往会自发地聚在一起，形成一个小团体。比如这几年兴起的圈子文化，圈子都是由具有一定共性的人组成的，如电竞群、动漫圈、艺术圈等。

所谓“道不同不相为谋”。在人际关系中，不论是想要吸引什么样的人，还是想要成为什么样的人，都要善于运用吸引力法则，让自己融入圈子，成为圈子中的一员。

某大学里，有一位教历史的老师，讲课生动有趣，经常引经据典，并且能根据历史事件，一人扮演数个角色，演一出舞台剧。因此，他的课声名远播，受到许多学生的喜爱。每次他上课都坐满了慕名而来的其他专业的学生。甚至有学生因此爱上了历史，转了专业，投到他的门下。还有学生自发组织，在大学里成立了历史舞台剧社团，专门挑选历史上一些重大事件进行演绎，还请这位老师做社团顾问。

后来，在历史课上，这位老师成了一个“导演”，安排学生们重现历史。而这一举措，不仅让历史知识变得更加生动，也加深了学生们对历史事件的理解与掌握。

学生们以这位历史老师为核心，创造出了一种全新的教学模式。这就是吸引定律，历史老师的专业素养和别出心裁的教育方式吸引了同他一样爱好历史的学生。

虽然吸引定律有着吸引志同道合的人的作用，但它并不是一种魔法，而是一种建立在实际行动上的内在驱动力。内心的渴望，促使人们为了目标而不断地努力，最终获得自己想要的结果。

那么在人际交往中，如何运用吸引定律呢？首先要对自己渴望收获的东西表现出热情，保持关注，具体可以按照以下三个步骤来行动。

1. 明确自己想要交往的对象。

了解对方的性格特质、兴趣爱好，有助于有针对性地深入交流。

2. 收集相关资料，充实自己。

比如，交际对象喜欢声乐，那么他的周围必定有许多与声乐相关的人或事物。当你也开始学习声乐时，便会促使双方靠近。

3. 展示自己的意图和能量。

向对方传达自己的愿望，当对方发现彼此志趣相投时，便能很自然地建立起良好的关系。

第四章

CHAPTER 04

主动交往，拉近彼此间的心理距离

主动出击，打破“彼此相倚”现象

“相倚沟通”是指双方在信息交流过程中，按照自己的意愿，结合对方的表述，重新提炼观点后所进行的信息内容的交流，比如具有不同立场的两方在交换意见和看法时产生的沟通行为。

“彼此相倚”是相倚沟通中的一种，彼此相倚的特征是沟通时，双方都对对方的观点做出不同的反应，并根据自己的计划，进行有目的的互动。比如辩论赛中的辩论双方不停地从对方的观点中找出破绽和漏洞，并且用自己的观点进行反驳，或是在应聘时考官和面试者间的双向选择，都属于“彼此相倚”的沟通现象。

王丽是某地产集团的人力资源部总监，在多年的人力资源工作中，见过形形色色的应聘者，不管对方有什么特别的心思，她都能敏锐地察觉出。

最近集团委托一家猎头公司招聘一名销售总监，因为优秀的销售管理人员非常难得，因此在审查猎头提交的资料时，王丽显得格外谨慎。后来她终于约到了一个看起来很满意的高级人才李先生见面。

因为是被猎头找来的，李先生看起来并没有对王丽提供的职位非常感兴趣，因此在见面时，也没有产生地位落差，甚至还有些盛气凌人。在王丽说出了岗位条件后，李先生表现得兴趣一般。毕竟，以他目前的实力，如果没有质的飞跃，是不足以让其心动的。王丽非常满意李先生的资历和能力，在这次面谈中，她碰到了从事人力资源工作以来的第一个难题。

面谈结束后，李先生毫不留恋地离去了。王丽感到有些头疼。她思来想去，终于放下了身段，特意在打听到李先生的行程后，制造了一次偶遇的机会。后来，两人有了进一步的交流。最终，王丽凭借主动出击，打破了“彼此相倚”的沟通现象，与李先生建立了友好的人际关系，成功将其挖到了自己所在的集团。

王丽在和李先生第一次会面的时候，双方的姿态和立场决定了双方处于“彼此相倚”的沟通状态。后来王丽放下身段，以李先生为主，主动出击，才达到了目的。由此可见，“彼此相倚”是一种不利于友好人际关系形成的沟通方式。

那么，日常生活中，如果遇到了“彼此相倚”的现象时，我们该如何主动出击，打破不利的沟通局面呢？

1. 保持亲切的交流姿态。

交流时，在保持和对方心理上的平等的基础上，以亲切温和的方式展开沟通，弱化“对立”的立场和姿态，容易缓和对方的心理，使交流过程更加平和。

2. 适当退让，以退为进。

在遇到各执己见，无法达成一致意见的时候，在无关原则的问题上，不妨适当地退一步，让对方暂时占上风。并且在日后的交往中，潜移默化地影响对方。

3. 迂回战术。

如案例所示，在无法直接打动对方时，可以采取迂回的方式，这也不失为一个好方法。

效仿对方的行为，让“同步效应”发生作用

人们因为思想相似，或是所从事的工作、经历的生活相似而更加容易聚在一起。彼此间因为有共同的话题，更能理解对方的现状以及遭受的困境等，也更容易在心理上产生依赖和认同感。

因此，想要和对方建立起良好的人际关系时，要先了解对方，如对方关注的领域、兴趣爱好，或者特有的一些语言动作等，再有意识地加入对方的领域，模仿对方的行为，引起对方的关注，从而实现被对方视为同类人的效果，使其对我们产生亲切的态度。

林秦是个安静的学生，总是一个人坐在角落里，看书，写作业。

在他转头便能看到的窗外，不远处是学校的篮球场，球场上的同学挥汗如雨，阵阵欢呼声时刻刺激着林秦。他本来对篮球没什么兴趣，也想不明白为什么会打篮球的同学更受欢迎。特别是班上的一个叫白令的同学，因为学习成绩好，人长得帅，再加上会打篮球，特别受同学们欢迎。在他的周围，总是围绕着一群人，林秦也希望自己能成为那一群人中的一个。于是他开始观察白令，观察他的行为动作。

这天，他发现白令买了一个新的陶瓷杯，白色的杯子上印着些浅绿色的圆圈，看起来清爽又大气，林秦觉得他拿这个杯子喝水特别帅，于是也去买了一个同款的杯子，学着他的样子喝水。谁知，这不仅没有引来同学们的羡慕，反而有人叫道：“你怎么乱用白令的杯子？”

林秦有些尴尬，像是被人识破了小心思般，只是小声辩解道：“这是我自己的。”

白令听到声音，也转头去看，这时，他也看到了林秦手上的杯子，愣了一瞬，随即从自己的课桌底下掏出了自己的杯子。

白令举着杯子笑着说道："原来你也喜欢这个啊，看来我们的眼光挺像哦。"

林秦有些局促地点了点头，赶紧回到了自己的位子上。

下课后，白令主动来问林秦："放学后要不要一起打篮球？"林秦受宠若惊，可是随后他又有些不好意思地说道："我不太会。"

"没关系，我教你。"

后来，同学们经常看到篮球场上身为前锋的白令和身为后卫的林秦的完美配合。

林秦终于如愿融入了白令的课间生活。

林秦通过有意识地效仿白令的日常行为，成功引起了白令的注意。或许在白令看来，林秦是他一直忽略的一个"同类"，因为他们的品位相似，因此热情地邀请他加入自己的队伍。

事实证明，通过效仿对方行为，引起对方的注意，从而获得良好的人际关系，是一条捷径。

当然，除了上述对使用物品的效仿，还有其他方面的效仿行为。

1. 动作行为效仿。

模仿一个人习惯的动作行为，也会被认为是一种共同的肢体语言。比如，一个爱皱眉的人，可能心思比较重。如果效仿者也时常皱眉，那么对方就容易感同身受。

2. 兴趣爱好效仿。

如果对方喜欢健身，那么便去健身房接近他；如果对方喜欢跑步，那么便去路口一起跑步；如果对方喜欢美术，那么便去画展等他。凡是能让双方产生"同步"的正面效仿都是可取的。

虽然效仿起的作用不小，但在利用效仿接近对方时，也要注意避开一些雷区。

1. 效仿别人的缺陷行为。

通常，这种情况会被人认为是一种侮辱。比如学一个跛脚的人走路，学一个结巴的人讲话，等等。

2. 效仿时亦步亦趋。

效仿的过程切忌急切，虽然是有意行为，但是在被效仿者看来必须是无意的，否则会让人产生居心叵测的感觉。

3. 效仿别人的负面情绪。

如果对方正处在伤心悲痛中，此时还效仿对方的情绪或行为，比如号啕大哭、抽泣不止等，那是对别人的情感不尊重的表现，只会引起别人的反感，让人更加疏远你。

利用亲近心理，营造温馨的交往氛围

所谓亲近心理，其实就是指人的一种亲和力。具有亲和力的人，在人际交往中的人缘往往都非常好。他们时刻保持着乐观向上的姿态，微笑善待每一个人，即使是陌生人也会感受到他们的真诚，卸下心理防备。

亲和力能消除人们之间无形的距离感，加深彼此的亲密感和信任感，营造温馨的交往氛围。

喜欢逛街的小静，每一次商场打折促销，她都不会错过。要说小静的眼光，那是绝对的好。因为一般情况下，打折商品都是不退不换的。而每次小静对自己买回家的衣服都满意极了，觉得性价比很高。

这一次，小静又如往常一样，拿下了一堆“战利品”回家。可是，回家一看，却发现了一个小问题——一件衬衫背后裂了一个缝。这么明显的破损，再便宜也穿不了啊。可又是打折处理品，说好不退不换的，小静犹豫着，不换不甘心，换又不好意思。

后来，她还是带着衬衫来到了商店里。看到迎面而来的售货小姐，小静迎面先笑道：“你好，我这边可能有点小问题，需要你们帮一下忙。”

售货小姐虽疑惑，但还是将小静引到柜台前。小静避开结账的人群，在一旁拿出自己的衬衫，不好意思地说道：“这是我昨天买的衬衫，我特别喜欢，可是这背后破了一道口，我也不会修补。你们比较有经验，帮我看看怎么办。”

其他售货小姐听到动静，也围了过来，七嘴八舌地讨论了起来，似乎真心为小静着想，却又爱莫能助。

这时店长也过来了，问清原委，又看了看衬衫，说道：“也别补了，直接给您换一件吧，我记得您，您昨天在我们这儿买了挺多衣服的。”

小静特别开心，连声道谢。其他售货小姐也都为小静解决了问题感到开心不已。

小静的亲和力为自己带来了有利的条件。如果她一开始是生着气来质问售货小姐，要求退货，哪里还会受到店员的真心帮助，最后顺利实现换货呢。可见，亲和力在人际交往中起着非常关键的推动作用。

亲和力有的来自先天的气质，有的来自后天的培养，与个人的性格有关，但更多的是靠后天的成长环境、文化教育培养出来的。在日常工作和生活中，我们要结合实际情况有意识地培养自己的亲和力。

1. 培养宽广的胸怀。

生活中，人与人之间难免有磕碰，或是有立场冲突的时候，只要不是太过严重或原则性问题，都可以本着与人为善的原则，接受对方，宽容对方。

2. 充分尊重别人。

尊重是最基本的礼貌，也是一种美德。一个懂得尊重别人的人，一定有良好的道德文化修养，在人际交往中，也会收获他人的尊重和亲近。

3. 换位思考。

善解人意的人总是善于换位思考。换位思考有利于理解对方的初衷和立场，自然也能做出符合对方期待的判断，更快得到对方的认可和信任。

4. 管理肢体语言。

笑是最直观的肢体语言，真诚微笑的人没有攻击力，显得特别亲切温和。经常微笑的人，通常人缘都不差。与人交往时，多一些表示接纳包容的开放性动作，少一些冷漠拒绝的闭合性动作。

除此之外，还需注意的是，表现亲和力最忌虚与委蛇。为了获得对方的亲近与认可而失去了自我，甚至让自己显得卑微不堪，这都是不可取的。

亲和力不是无底线的退让，而是需要坚持自己的原则。只有坚持原则，是非分明，豁达大度，懂得适度谦让的人才是受欢迎的人。而一味退让只会让人觉得没有原则，没有底线，容易引起别人的轻视，自然也就不会受人喜爱和尊重。

将对方与自己视为一体，结成良好的关系

将对方与自己视为一体，也就是所谓的“自己人”，在心理学上，这种行为被称为“同体效应”，或者是“自己人效应”。

因为要把对方和自己视为一体，就是要从思想观念上、动作行为上、生活态度上和对方保持一致。只有对方成为“自己人”，我们在心理上产生了认同感，

才会给予对方更多的宽容、更多的信任和更多的优待，自然也容易结成良好的关系。

“同体效应”在人际交往中较为常见。同样的一种观点，从不喜欢的人口中说出来，我们一般会抱着怀疑的态度；而从“自己人”口中说出来，我们通常会比较容易接受和认同，因为少了戒备心理，多了感同身受。

比如，有一种说法叫“敌人的敌人就是朋友”。因为有了共同的目标，原本不相干的人也会走到一起；再比如，某个人突然觉得另一个人像曾经的自己，而对其产生了亲近感，也属于同体效应。

刚大学毕业的杉杉，因为缺乏经验，在求职时四处碰壁，一直找不到合适的工作。最近，她又投了一份简历到一家外贸公司，申请报关员助理的岗位，因为她希望将来能从事报关员的工作。这份工作她非常心仪，但同时也感到非常焦虑，因为害怕还是会一如既往地被拒绝，与向往的工作擦肩而过。

在万般焦灼又急切渴望之下，她找了个关系还算不错的学姐，向她询问经验。因为学姐是做人事工作的，杉杉觉得她肯定有办法帮上忙。

学姐也不敢保证，但是给她指了一条路，那就是了解企业背后的故事，包括公司老板的履历，找出自己与公司和老板之间的共同点。面试时，着重强调彼此的共同点，能加深对方的印象，也能提高被录取的概率。

杉杉得了“锦囊妙计”，便连夜开始查资料，得知老板竟然是自己的老乡，年轻时也在老家生活，后来全家迁居到这座大城市。

杉杉很是兴奋，她的老家不过是个小村子，村子里的人不多，问了问父母，便知晓了老板的一些过往经历。杉杉默默地记了下来。

第二天面试时，杉杉特意在自我介绍时着重介绍了自己的家乡，老板听着便来了兴趣，果然跟她细细聊了起来。

俗话说，老乡见老乡，两眼泪汪汪。老板甚至说太久没回家乡了，以后要找机会回去看一看，让杉杉给他讲讲这些年的变化。

杉杉自然是欣然答应，当然这份工作也轻松到手了。

案例中学姐给出的妙计正是运用了“同体效应”。因为老乡的身份拉近了杉杉和老板心理上的距离。因此，在人际交往中，合理利用“同体效应”会带来意想不到的效果。

那么在人际交往中，我们如何恰当利用“同体效应”为自己创造机会呢？一般应遵循以下步骤。

1. 充分了解对方的信息，找到双方共同点。

在交往之初，要及时捕捉对方的信息，寻找两个人的共同点，可以是成长环境，也可以是兴趣爱好，或者是价值观，甚至是曾经的某一件能产生共鸣的社会事件。

正是因为“同体”的范围很广，所以只要用心寻找，总会找到的。但必须注意，“同体”的内容应该是自然的联系，而非刻意或牵强附会的。

2. 沟通时暗里主动，明里被动。

明确了“同体”的内容后，在引导话题时，一定要顺其自然，比如案例中以自我介绍引出“同体”内容。让对方不知不觉地被带进同体效应中，接着话题往下谈，这时，只需牵引对方的思路，便能顺利沟通下去，也能赢得好感。

但是，在引出“同体”话题时，一定要注意不能太过刻意，如果分寸没有把握好，不仅达不到效果，反而会给对方留下故意讨好、拍马屁的印象，进而有了更多的防备。

3. 平等交流，实现目的。

既然是“同体效应”，那么双方在这个阶段必定是平等的。两个平等地位的人交流时，自然是互相尊重，互相成全的。也就是对方把你当“自己人”之后，那什么事都好办了。

运用他人熟悉的语言，让心灵靠拢

不说外语，单看中国的方言就有很多。从地域上看，各省各市有各自的方言，即便是同一个省，各城市间的方言也不同，甚至各乡镇的口音、习惯用语都不尽相同。

从年龄上看，儿童说话奶声奶气的，很有特点；年轻人时尚新潮的网络用语，在老人们听来，更是一头雾水。从职业上看，所谓隔行如隔山，很大程度上指的就是本行业的专业术语外行人往往听不懂。因此，在人际交往中，如果用了对方熟悉的语言，会立即被对方认为你们是同样的人，属于同一领域，自然会对你产生亲切感，和你拉近距离。

又到了一年的开学季，初入大学的新生们都兴奋不已，再加上学长学姐们的引导，他们瞬间感受到了大学的温暖和亲切。

可是露露作为新生中的一员，初来这所南方的大学时，却有些闷闷不乐。她几乎是新生中唯一来自东北的女孩，当她一开口说话时，旁边的同学都好奇地看着她，讨论着她的东北口音。这让她感到有点尴尬。

终于办完入学手续后，露露提着行李跟着学姐来到了宿舍。除露露外，还有一个新生未到。露露发现大家都在兴奋地交谈，她不好意思开口，简单地和大家打了招呼后，就开始收拾自己的床铺。

这时，最后一个同学西西也到了，西西是个热情的女孩，先是做了自我介绍。她也是南方人，露露感觉最后的希望也破灭了。

然后西西要求大家都做一遍自我介绍，她好认识一下，问到露露时，露露小声地说了自己来自沈阳。西西听到后，非常热情地上前拥抱了一下说道：“欸，这东北的小姑娘真俊啊，这皮肤啊，贼滑溜。”

其他同学听到后，都围了过来，附和着说：“可不是嘛，老好看了。”

露露听完，自己也笑了，突然她就觉得自己口音不那么另类了。露露终于大胆地开口介绍自己的家乡和习惯，顺便还教了大家几句东北话。宿舍的气氛十分融洽。

案例中的西西是个聪明的人，她特意用了露露的家乡话和她“套近乎”，一下就打开了露露的心结，拉近了彼此的心理距离。

人们在人际关系中，很容易忽略一些看似没必要的细节，其实往往就是这样的细节，在交往中起着关键的作用。情商高的人懂得抓住对方的心理，从对方在意的点入手，从而很容易获得对方的好感，实现顺利的交流。

但是，语言是人们在长期的生活实践中形成的，在双方已经建立起良好的关系，彼此认可后，自然还是要以自己的语言为主，不能失去了自我。只是在谈话时，可以偶尔利用一些对方熟悉的习惯用语、俚语等，达到生动有趣的目的。如果只是为了模仿而模仿，万一画虎不成反类犬，遭到对方嫌弃和厌烦，就更麻烦了。

适度“自我暴露”，拉近心理距离

所谓“自我暴露”，是指在交往中，一个人自发地、有意识地向他人暴露自己的某些真实信息，并与他人共享自己的感受和信念。

美国人本主义心理学家西尼·朱拉德认为，“自我暴露”是一种能力，具有这种能力的人在心理上是比较健康的，也有助于建立更加亲密的人际关系。

不过，自我暴露应当遵循适度原则：如果自我暴露过少，会让他人感觉过于谨慎、防备意识过强；相反，若自我暴露过多，则会引起他人的厌烦，甚至还会被看成是适应不良的自我中心主义者。

31 岁的邱明在一家外企从事销售工作，家境殷实，形象也帅气，可自身条件不错的他却迟迟没有找到心仪的恋人。

邱明自己也非常着急，在家人、朋友的介绍下进行了多次相亲，却都没有成功。在最近的一次相亲中，邱明觉得自己终于遇到了“对的人”，他对女孩十分倾慕，决定要好好表现一番，赢得女孩的好感。

为了缓解刚见面时的尴尬氛围，邱明主动讲起了自己的一些情况，把自己的兴趣爱好、工作经历分享给了女孩。女孩很有礼貌地回应了他，还询问了他一些问题，交谈进行得很是顺利。

邱明直觉女孩对自己“有意思”，这让他非常欣喜。于是他情不自禁地分享了许多自己的“小秘密”，像大学时期的初恋、和父母之间的分歧、和同事之间的一些矛盾等，他都向女孩和盘托出。

邱明觉得这样能让女孩消除戒备心理，愿意和自己深入交流，可是女孩的表情却变得越来越不耐烦，开始还能应付式地回应几声“嗯嗯”，后来干脆自顾自地拿起手机玩起来，不再理会邱明的喋喋不休……

第二天，女孩通过介绍人答复邱明：“我们并不合适。”邱明顿时傻了眼，他认为自己表现得很不错，可女孩为什么会不喜欢自己呢？

邱明所犯的错误就是没有把握好自我暴露的尺度。在刚刚与女孩相识时，他选择了暴露一些不太重要的个人信息，此时暴露尺度是比较合适的，也能够调节气氛，还能够让女孩产生亲切感。

可是随着双方交流的深入，他开始进行过度的自我暴露，说出了很多私密信息，而两人之间的关系却还没有发展到亲密的程度，所以女孩会感到很不舒服，进而对这种话题产生厌烦。邱明失败的自我暴露也提醒了我们，一定要根据交往情境、交往对象和双方之间的关系程度来确定暴露的尺度。

心理学家将自我暴露的尺度分为以下四个层级。

第一级：暴露一些表面化的个人信息，如兴趣爱好、生活习惯等；

第二级：暴露个人对某些事、物、人所持的态度、看法等，如对公众人物的评价、对时下一些社会热点事件的看法等；

第三级：暴露个人的社会关系情况、情绪变化情况等，如自己同家人之间的关系状况，与同事、领导的关系状况，或是自身的消极情绪以及让自己感觉焦虑或烦恼的事情等；

第四级：暴露个人不会轻易说出口的隐秘信息，以及可能不被公众接受的态度、想法和行为等。

这四个层级是逐步深入的，越高的层级适用于越亲密、持久的关系和越信赖的对象。若只是初次相遇或偶尔打交道，在自我暴露时最好不要超过第二级，这样才不会给交往对象带来过多的心理压力。

在进行自我暴露时，除了要把握好以上四个层级的尺度外，还要注意两点基本原则，即“互惠原则”和“渐进原则”。

1. 互惠原则。

自我暴露应当具有交互性，也就是说，当我们向对方坦诚告知个人信息后，对方应当给予响应和回馈。这样双方都能够从自我暴露中获得愉悦感、亲切感，这就是自我暴露的互惠原则。

然而在现实生活中，我们可能会遇到这样的情况：在我们给出了一定的自我暴露后，对方却毫无反应。这可能说明我们选择暴露的信息是对方不感兴趣的，也可能是自我暴露的层级不合适，让对方感到不适。此时我们应当停止自我暴露，再选择一些更加“安全”的话题，才能让交流顺利地进行下去。

2. 渐进原则。

心理学家还提醒我们，即使在与关系非常亲近的对象进行交流时，我们也不能在一开始就进行较多的、深刻的自我暴露，否则会让对方感到无所适从，不知该如何回应我们。

因此，正确的做法是循序渐进地进行自我暴露，可以先从一些无关紧要的个人信息讲起，待双方的关系足够亲近时，再小心地提及更加私密的信息，就不会让对方感到惶恐无措了。

如果我们在交往中进行互惠、渐进、尺度合宜的自我暴露，就能够逐渐赢得对方的好感和回应，有助于提升双方之间的亲密度。双方对这种互动过程也会有一种满足感，这对于关系的建立和维系是很有帮助的。

缩短物理距离，不断提升亲密感

物理距离就是两个人的空间距离，空间距离的远近，在一定程度上也影响了两个人的亲密程度。

比如最常见的异地恋。异地恋的恋人往往经受不住距离的考验，最后导致了分手。事实也证明，异地恋能成功走到最后的概率相对较小。在距离的考验下，两个人的话题会越来越少，心也越来越远，甚至到最后变得无话可说。

在人际关系中，空间距离也很重要。在团体活动时，人们总会下意识地靠自己熟悉的人更近，而和自己不熟悉的人保持距离。假如在这个团体中，与所有人都不熟悉时，人们就会跟坐在自己身旁的人产生更友好的交流。比如，第一次碰到也许没有打招呼，第二次再碰到，至少会微笑，或是点头。这便是缩短物理距离带来的亲密感。

高考结束后，珂珂打算独自出去旅行，好好缓解这些年来因为学业产生的各种压力。她想通过旅行放松后，再开始新的大学生活。

和珂珂抱着同样想法的人不少，她在去旅行社门店了解旅游路线的时候，便看到了几个同样来咨询的年轻人。因为咨询的人较多，店员集中回答时，大家都很认真地在听。

过了几天，珂珂一早到达旅游公司指定的集合地点，对目的地充满了期待。不过，看着别人三三两两地凑在一起聊着天，珂珂突然感到有点孤单。上了开往机场的大巴，她也只是选了一个靠后的空位子，独自一人坐着。

这时，车上上来一个瘦瘦高高的男生，年纪看起来与珂珂相仿，他看了一圈，直接就往珂珂身边来了，并对珂珂问道："你好，我可以坐这儿吗？"珂珂点了点头。

男生一坐下，就做了自我介绍，并且说道："那天报团的时候，我就看到你了，没想到我们的目的地一样。"

"是吗？"珂珂惊讶了一下，又仔细看了看男生，想起来了。那天这个男生就站在她前面，因为个子高挡着珂珂，珂珂心里还抱怨了一下呢，原来他注意到她了。

两人似乎一下子从陌生人变成了朋友，一路上聊个不停。上了飞机，很自然地又坐在了一起。珂珂的独自旅行也因为结识了一个志同道合的玩伴，变得

更加有意义。后来两人成了关系不错的朋友。

心理学家曾将人际关系的物理距离划分成四种类型，分别为亲密距离、个人距离、社交距离和公众距离。每一种类型对应交往双方的关系，因空间距离不同让人一眼便能判断出亲疏远近。

1. 亲密距离。

一般是指恋人或者家人间的距离，有时候也指两个闺密之间的距离。表现在交往过程中常常伴随一些亲密动作，比如搭肩膀、手挽手等。

2. 个人距离。

是指和朋友、熟人之间交往的安全距离，伴有一些适度的肢体接触，比如握手、拥抱等。个人距离较亲密距离稍远一些，大概是友情的范畴。

3. 社交距离。

大多体现在工作上，同事之间开会、见面、互相客套时所需要的距离。这个距离比个人距离稍远，也显得较正式。比如，双方谈判时中间隔着一张会议桌的距离；招聘面试时，应聘者和考官之间的距离；等等。

4. 公众距离。

公众距离就是指陌生人处在开放的环境中保持的距离。这类环境既有产生人际关系的情形，比如讲座、表演等，也有不产生人际关系的情形，比如机场候机、车站等车等。

空间距离并不是固定的，会随着人们的想法或是彼此关系的变化而发生变化。

比如案例中，珂珂一开始和旅游团其他成员属于公众距离范围，所以基本不会产生交流，珂珂也会选择离他们更远一点的座位坐下。而当那个男生出现时，两人产生了社交距离，又因为这是与男生的第二次碰面，彼此自然更加亲切些，接近了个人距离的安全范围。

反过来讲，交往双方也会因关系亲疏的改变，而对两人的距离产生影响。比如，非常亲密的两个女孩子，走路时常常手挽手。但有一天她们吵架了，这时，她们便会自觉地远离对方，就算必须一起走，也会刻意离得远一点，刻意避免眼神和身体的接触——从亲密距离变成了个人距离，甚至是社交距离。

所以，在人际交往中，缩短两个人的物理距离，将十分有助于提升人际关系。

善于倾听，满足对方的倾诉欲望

大多数人都有表达和倾诉的欲望，这种欲望体现了人的社会属性，比如分享开心快乐的事情、倾诉不幸的遭遇等。在人际交往中，善于倾听的人往往都比较受欢迎，因为他们看起来更友好，更善解人意。

倾听不是简单的沉默，不是被动地听对方把话说完。善于倾听的人在听对方倾诉的过程中，通过适当的回应和肢体语言引导对方倾诉，让对方产生信任感，从而让其乐于分享自己的事情。让对方分享了心事，自然就拉近了彼此的距离。

小王和小李同时进入了一家公司做业务。两人都是行业新人，一时看不出有什么不同。在经过培训后，小王和小李分配到了不同的团队。

很快，小王在自己的团队中锋芒毕露，每次讨论任务时，他都表现得非常积极，而且经常对其他同事的意见不认同，且没有耐心听同事们提供的经验，喜欢用自己的专业知识据理力争，甚至每次都要说到大家哑口无言为止。这让老员工们感到非常尴尬，却又无可奈何。每次小王提出的方案都如纸上谈兵，一点都不现实。

小李的风格恰好相反，在讨论任务时，总是保持认真听讲的姿势，甚至拿着纸笔记录下重要内容，遇到不清楚的地方，礼貌地向大家讨教，虚心接受老员工们的工作经验。小李的性格很受大家的喜欢，大家都乐于将自己的心得体会分享给他。他的话虽不多，但是他做的记录清楚明了，理论结合实际，无可挑剔。

后来，小李所在团队的绩效渐渐超过了小王所在团队的绩效，在年底考评的时候，小王被同事们打了许多负分，被末位淘汰了。

小李成功的原因不是他的成绩或是理论知识更突出，而是他始终能保持认真倾听的态度。并且他在倾听的过程中，能够抓住重点，了解对方所要传达的信息，从对方的需求出发，自然得到了更多的善意。

而小王却克制不住自己的表现欲，结果不仅没人听他讲，而且导致他接收的信息不全面，致使工作变得越来越困难。

不管在工作中，还是在实际生活中，都要做到善于倾听，让对方打开心扉。应注意以下几点。

1. 保持认真专注的态度。

认真倾听时，不要随意打断对方，保持耐心，给对方营造一个安静舒适的倾诉氛围。目光要看着对方，不能四处游移，心不在焉，更不能在对方讲话时接打电话或玩手机，或者干脆看向窗外的风景。这些都是不专注的表现，会大大降低对方的倾诉欲望，也会让对方觉得不受尊重。

2. 管理肢体语言，使用开放性动作。

肢体语言和话语一样重要，有时甚至还要胜过话语信息传达的效果。比如，频繁看时间，对方便会认为你开始不耐烦，想要结束谈话；双手抱胸，脚尖朝外，对方便认为你打算离开了。

良好的倾诉氛围应该是包容接纳的，多用开放性的动作，身体微微前倾，头微侧，让对方感觉是在侧耳倾听，或者时不时地点头以示赞同之意。

3. 适当地反馈，引导对方的思路。

虽然沉默是倾听中最重要的，但是适当的反馈也是必不可少的。当对方的叙述告一段落，又不知从何处继续说起时，不妨适当地提问，这有助于对方厘清思路，或者改变思考的方向，传递更多的信息。

把“你们”变成“我们”，走进对方的内心

所谓把“你们”变成“我们”，就是在表达上将对方变成“自己人”。既然是“自己人”，那么走进对方的内心就容易多了。许多时候，人们的亲密感都是由“自己人”这个前提带来的。

无论是有血缘关系的“自己人”，还是在社交中随口强调的“自己人”，都会让彼此在无形中形成一种比与其他人更加亲近的感受，并且信任感也会更强。

比如，一个聪明的母亲在面对一个青春叛逆期的孩子时，会告诉孩子，自己曾经也有过这么一段时间热衷于追星，也会为自己喜欢的人和事而做出有些疯狂的举动，所以本质上“我们”是同一类人。这样，孩子便会感到和母亲的距离更近，进而吐露心声。

因此，体现“自己人”的方式，最常见的表达便是“我们”“咱们”，用这些词语来寻求对方的认同，往往可以达到立竿见影的效果。

刚从四川远嫁而来的小慧是个不那么受欢迎的媳妇，她的婆婆因为观念比较老旧，对所有的外地人都戴着有色眼镜相看。作为一个标准的川妹子，小

慧热情开朗，勤快爱笑，甚至包揽了家务，然而这一切都改变不了她在婆家的地位。

有一次，小慧的老公和婆婆因为孩子的教育问题，起了些争执，而她作为媳妇，有些不方便插手他们母子间的事情。等他们争执完，各自回房后，小慧也回了房间，看到怒气冲冲的丈夫，倒了杯水给他。

小慧的老公气呼呼地接过水一饮而尽，然后生气地说道："真是个老顽固，怎么说都不听。"

小慧一边抚着老公的背，一边回道："咱妈有些观念是老旧了些，但她也是为孩子考虑，你这样顶撞妈，她会很伤心的。"

听了小慧的话，小慧老公有些愧疚，说自己当时正在气头上，说话有些不管不顾了。

第二天一早，小慧就领着老公跟婆婆道歉，老公因为脸皮薄，说不出话来。小慧拉过婆婆的手，又拉过老公的手，将他们三人的手叠在一起，说道："妈，咱们是一家人，哪有隔夜的仇，昨晚是我们不好，顶撞了您，现在我们来给您道歉了。"

婆婆一开始也有些不好意思，但是在小慧的劝解下，笨拙地说着原谅儿子的话，对小慧也露出了真心的笑容。

案例中小慧通过老公和婆婆吵架的这个契机，表明了自己的立场，将自己外来人的身份摒弃掉，强调"咱们是一家人"，成功化解了争执，同时也赢得了婆婆和老公的心。

强调"我们"这个共同体，在人际交往中的暗示作用极大。比如，销售员在接待客户的时候，只要自然地说一句"我们这次的问题可以这么解决……"便能迅速拉近和客户的距离，让客户觉得销售员是真的在为自己考虑。

因为“我们”是一个密切相关的共同体，自然就提升了说话的可信度和可信任感。通过强化这种“自己人”效应，用真诚的心去赢得对方的好感，能有效拉近彼此间的距离，从而慢慢影响到对方的行为。

换位思考，站在对方的角度考虑问题

换位思考是为了更好地理解对方的处境。从对方的角度出发，将自己放在对方的立场上，以己度人，思考对方的心理活动以及可能会出现的行为表现。

换位思考是对他人心理的体验过程，也是在人际关系中常用的思考方式和处理解决问题的方式。人与人之间的互相理解和信任，甚至宽容，大都是通过换位思考来实现的。

相传，清代著名的大臣曹寅不仅文武双全，博学多才，为人还很谦虚内敛，深得康熙信任。

当时身为苏州织造的他，有不少的趣闻逸事，在百姓口中流传。

曹寅自小在宫中伴读，且又当过康熙皇帝的侍卫，加上祖上福荫，因此年纪轻轻便拥有很高的地位，许多百姓、官员见到他，都要行礼。

可是，曹寅时刻不敢忘记自己是受到圣恩，才有了今日的地位，因此行事非常低调，时刻不忘本分。

后来，大家发现，曹寅每次出行时，都是坐在轿子里，专心地看书，很少抬头。时间长了，人们就觉得有些奇怪，家人也很是不解，于是找了个机会问道：“老爷为何每次出行都要坐在轿子里看书呢？”

曹寅笑道：“如若我抬头看他们，他们便要跟我行礼，那样我会感到不安。

我低头看书，就当没看见他们，他们也不好意思打扰我，这样，百姓也无须行礼了。”

众人这才明白，曹寅是为了别人着想。

曹寅换位思考，体谅他人，不愿给他人添麻烦的举动为他赢得了颂扬。在现实生活中，换位思考的案例同样比比皆是。不管是朋友之间，还是同事之间，抑或是师生之间，无不存在需要换位思考的时候。

换位思考能让人际关系更和谐，人们的交流更顺畅，生活也更轻松。因此在平时，我们要有意识地锻炼自己换位思考的能力，提升亲和力。

1. 理性判断，感性思考。

在对方的一些行为动作表现得出人意料，或者不合常理时，不要急于下结论，而要保持理性，站在对方的立场，分析事情的原因和背景，再做出判断。在知晓了对方的苦衷或想法后，再表达自己的理解和接受。

2. 全面考虑，拒绝片面。

全面考虑是指不仅要考虑对方的行为特征，也要考虑自己的判断。每个人的判断力受本人的学识经验所限制，难免有一些不足或偏颇。俗话说：“当局者迷，旁观者清。”如果能跳出事件本身，站在更加客观的立场，往往就会有意想不到的发现。

3. 加强沟通。

沟通是双方认识和深入交流的基础，没有沟通或缺乏沟通，自然也不能产生全面的思考。加强沟通就是为了更多地了解对方的文化背景、生活经历等，辅助得出对方在待人处世方面的各种行为态度，进而产生对对方的理解和思考。

4. 从对方的性格入手。

一个人的性格既有先天形成的部分，也有后天养成的部分。一个人在成长过程中，受家庭因素、社会因素的影响，呈现出各种不同的世界观、人生观、价值观。只有充分了解对方的性格，才能进一步理解对方的心理，从而更好地给予对方反馈。

CHAPTER 05

第五章

以情动人，激发强烈的情感共鸣

磨炼“共鸣能力”，让关系向深层发展

共鸣能力，是指一个人对另一个人想要表达的意愿产生相同的体验。这里说的共鸣一般指情感共鸣。情感共鸣就是在一个人情绪产生变化时，另一个人敏锐地捕捉到了，并且产生了同样的情感，也就是感同身受。

生活中，人们时常会遇到这样的情况，当见到一个人哭时，自己也会不自觉地感到悲伤；当见到一群人欢笑时，自己也会随之扬起嘴角；甚至在看书、看电影电视时，情感都会跟着剧中人物的情绪起伏。

当然，共鸣并非表面看起来的表情的变化，而是更深层次的心理上的转变。而共鸣最重要的一点是从对方的角度出发，发现对方真正需要的情感反馈。

安安今年已经28岁了，早就到了谈婚论嫁的年纪。但是安安觉得自己还没有做好心理准备，一切都还早。可是家人的各种催促和身边亲戚朋友们的异样目光，让她非常苦恼。安安有两个好朋友，她们都已经成家，安安时常会将烦恼告诉她们。

朋友A每次总是安慰她说：“你别想太多了，现在晚婚的人到处都是。你这年纪还不算大，就像我，也不过刚结婚而已。不急，很快就会碰到合适的。”

安安听完后，依旧无所适从。

而朋友B说的不一样，她说：“我明白你的难过。因为你花在工作上的时间

和精力比较多，也导致了感情方面的匮乏，这不是你的错。当然，家人的不理解也只是一时的，我很理解你的遭遇，相信你很快就会做好平衡的。”

安安渐渐地喜欢和 B 倾诉，而对于 A 的关心，虽然表示感谢，却渐渐地不再聊这些深层次的话题了。

从以上案例可以很清楚地看出，对安安来说，A 虽然看起来安慰了安安，但只是表面上的，并且只是站在自己的角度安慰对方，没有深入安安的内心，安安听了感觉到她的关心，却没有感觉到心情好转。

而 B 的说法就高明了许多，她站在安安的立场上，指出了她目前的工作和生活状态，以及存在的客观事实，这些话说到了安安的心里，引起了她的共鸣。她觉得 B 才是真正理解她的人，因此就和 B 越走越近了。

从案例中可以发现，共鸣不是一个人的事，而是要站在对方的立场上，设身处地地为他人着想，才能理解对方。共鸣的基础是换位思考。拥有强大共鸣能力的人并不多，共鸣作为一种能力，也需要经过有意识的磨炼，才能运用得得心应手，有效拉近自己与他人的心理距离。

共鸣也有层次，分为低级共鸣和高级共鸣。低级共鸣包括了解、安慰、建议等，高级共鸣包括理解、认同、指导等。从低级共鸣到高级共鸣的转变可以通过以下几个步骤来实现。

1. 倾听和理解。

善于倾听的人，也是善于思考的人。打开对方的倾诉欲望，能更好地理解对方的所思所想，进而找到情绪共鸣的基点。

2. 善于发现，勤于思考。

培养自身的敏感性，善于从对方的话语中发现情绪关注点。敏感的人更容易对一些比较常见的现象产生共鸣，而那些看起来冷漠或是对某些事视而不见的人，也并非因为道德和良知的原因，不过是较为迟钝，缺乏敏感和共鸣的习惯罢了。

3. 观察肢体语言。

肢体语言的丰富性无须赘言，高级的共鸣能力往往都来自对肢体语言的观察。当对方尚未开口时，你便已从对方的叹息声或紧锁的眉头判断出事件大概的内容，甚至让对方产生你便是知己的想法。千言万语化成一句话、一个拥抱，便能给对方带来极大的安慰和力量。

南风效应：感人心者，莫先乎情

南风效应也称南风法则，这个理论是来自法国作家拉封丹的一则寓言：北风和南风比威力，看谁能把人们身上的大衣吹掉。结果，北风虽然强劲，但是人们因为感到寒冷，反而把大衣裹得更紧了。而南风拂面，温暖舒适，行人顿觉春意融融，于是脱掉了大衣，南风获得了胜利。

将南风效应运用在人际关系上，我们可以得到的启示是，与人相处要讲究方式方法，强硬的手段和语气不如循循善诱。而且人们发现，人际关系好的人，说话做事总是让人感觉如沐春风，而那些说话直来直去、攻击性很强的人，则往往让人敬而远之。

作为一名小学老师兼班主任，迟老师感到非常心累。不是科任老师告状说某个学生又在捣乱，影响课堂纪律了，就是学生家长怒气冲冲地找来，说自家孩子被欺负了。而这些问题往往都是出在同一个学生身上。

那个学生叫作王龙，在学校里是出了名的调皮捣蛋，而且不爱学习。老师批评他时，他也丝毫不觉得难为情，让老师们觉得十分头疼。

家长对王龙的管教也算严厉。每次犯了错误，学校打电话叫家长来，还没听完孩子犯的错，巴掌就先举了起来，打痛快了后，就说交给老师，任凭学校处置，自己一走了之。老师们也是无可奈何。

迟老师想了一阵，觉得王龙的逆反心理已经相当严重，如果再用责骂的方式勒令他改正，恐怕结果还是跟以前一样，说过就忘，不如换一种方式来教育他。

观察了几天后，迟老师找了个机会，将王龙单独叫到了教师办公室。王龙一开始心不在焉，反正老师的办公室他常去，也没什么好事，基本就是对着他的所作所为一顿批评教育，那些说辞他都已经能背了。

谁知，今天迟老师没有批评他，而是非常客气地请他帮忙。迟老师笑着说："老师发现你的书桌是全班最整洁的，最近老师事情多，同学们的作业太多，不小心都混在一起了，你能帮老师整理一下吗？"

王龙一开始没反应过来，迟老师又问了一遍。王龙立即拍着胸脯表示，都交给他吧。迟老师故意在一旁忙着其他的事情，显得有些手忙脚乱，王龙整理得更起劲了。

接下来的一节课刚好是迟老师的课，王龙认认真真地坐在课堂上听课，时不时和迟老师目光相遇，显得极为自信，似乎在告诉同学们，他是一个可以帮迟老师忙的学生。迟老师适时地给了他发言的机会，又当众表扬了一次王龙的整洁课桌，并且任命王龙为班上的秩序小组长，帮同学们做好课桌椅摆放，整理书桌，保持整洁。

虽然这是迟老师针对王龙别出心裁想出的班级职务，但是王龙显得干劲十足。因为得到了迟老师的认可，为了不让迟老师失望，他改掉了自己调皮捣蛋的毛病，变成了一个负责任的好学生，学习成绩也慢慢地开始提升。

人的思想是复杂的，总喜欢听好听的，拒绝听对自己不利的声音。相对于“北风效应”的责骂说教而言，“南风效应”的温柔引导显得更易接受，也更有效果。

因此，在人际关系中，许多人都是因为使用了“北风效应”导致了糟糕的人际关系。虽然强势能取得立竿见影的效应，但毕竟是治标不治本，见效快，反弹也快。而润物细无声的“南风效应”却能渗入对方的内心，使之感受到由内而外的温暖，从而实现自发的改变和接受。

在生活中，运用“南风效应”时，应该注意以下几点。

1. 真诚待人，拒绝虚情假意。

真诚必须是发自内心的，戴着假面具的真诚极其容易被识破，不仅使自己无法走进对方的心里，而且容易适得其反。

2. “南风”常在，而非见好就收。

在人际关系中，持续性的“南风”才能获得更好的效果。否则，时而“南风”，时而“北风”，会让人感到莫名其妙。

3. 外柔内刚，“南风”也有原则。

“南风”并非示弱，也并非一味讨好，而是在坚持原则的基础上运用的。只有坚持了原则和底线，才能让“南风”显得更加珍贵和打动人。

关心的话语最能打动人心

关心是一种美德。人们生活在这个世界上，总会有需要别人关心的时候，虽然嘴上不见得说出来，但是心里的渴望却是一样的。

在家庭生活中，父母、爱人、子女需要时时关心；在工作和社交中，同事、朋友也需要关心。每个人表达关心的方式不一样，有的人觉得嘘寒问暖便是关心，有的人认为必须体现在实际行动上，比如送礼物、帮忙办事等。

不论关心的对象如何，关心的方式方法如何，只要是付出真心的关怀，就会打动对方的心，得到对方真心的感激。

当了十多年老师的林老师自述，她在第一次当班主任时，遇到了一个名叫乔羽的女孩，这么多年了，她依然记得那个女孩的一颦一笑。

林老师入职第一年就当了班主任，对于这份全新的工作，她的心里也没底，只能摸着石头过河。

初见乔羽，林老师只觉得她身上有一股拒人千里之外的冷漠气质，让人不敢靠近。事实证明，其他同学也有类似的想法，觉得她说话尖酸刻薄，丝毫不给人面子，因此也不愿与她往来。乔羽总是一个人孤零零地上学下学。

但是乔羽也并不是全无优点，她的文笔相当好，写的作文每次都能被选为范文。对此，林老师也不吝惜自己的表扬和赞美。后来有一次，林老师在乔羽的作文本里发现了一张小纸条，上面写着："林老师，谢谢您！您是我遇到的第一个表扬我的老师。"

林老师也用纸条回复了她："是你的优秀，让你如此吸引人，如果你能多笑一笑，冰雪都会融化。"

收到纸条后的乔羽在最初的惊讶过后，果然浮现了一丝久违的笑容。后来，林老师才了解到，因为童年创伤的缘故，乔羽将自己的心封闭了起来，为了保护自己不再受伤害，所以拒绝了一切的交际。她只把心思倾注在写作上，但是林老师似乎读懂了她的心。她说是因为林老师在作文评语里对她的关心和鼓励，让她深受感动，走出了阴霾。

关心不能流于表面的言语询问，许多难过和痛楚是藏在心里的，如果不是交心的人，是不会吐露心声的。案例中的乔羽这么多年都是形单影只，没有人知道她曾经受过的苦，可是作为新入职的班主任林老师，却叩开了她的心扉，让她尘封许久的心重见了阳光。

要做到真正的关心，以关心打动人心，要注意以下两个问题。

1. 要真诚的关心，不要敷衍的关心。

如果不是发自内心的关心，仅靠口头上的敷衍话语，被关心的人不仅不会感动，反而会觉得自己在对方心里并不重要。

2. 设身处地为他人着想，不要想当然地关心。

站在对方的立场上，想对方所想，急对方所急，才能将关心落到实处。甚至在必要时，还要挺身而出，切实为对方解决问题。而从自己的角度出发，想当然地认为对方需要什么样的关心，往往好心办坏事，费力不讨好。比如，以关心的名义对别人的行为指指点点，而忽略了对方实际的情况。

表达钦佩之情，激发对方的潜能

人都有被肯定的需求，无论是在工作还是在生活中，这种本能的需求一旦得到满足，便会转化为内在的动力，促使他为了不让对方失望，也朝着对方期望的方向进步，不断地调整自己，直到达到目标。

林翔是个专职的企业员工培训讲师，从最初进入这个行业到现在，已经办过大大小小数百场的培训课，积累了大量的经验。最近几年，陆陆续续有一些企业开始邀请林翔和他的团队到公司做专场企业诊断和培训。其实，对林翔来讲，企业培训的员工都是成年人，思维基本定型，要想改变都比较困难了。但是好在他有一套自己的体系，应对这些员工不在话下。

在初步了解了企业背景和现状后，林翔就带领团队常驻公司了，每天和员工们一起上下班，观察不同员工的工作和生活状态。很快，他发现，有一个被亲切称呼为李哥的员工，说话比较直爽，做事也比较大胆，一呼百应。但是他个人却不太上进，而且有一些明显消极的言论，带歪了同事们的思路。

比如，“工作只是为了混饭吃”“差不多就得了”等言论，受到了同事们的追捧。林翔单独约了李哥谈话，李哥也知道林翔的身份，但是他丝毫不在意，他甚至认为老板请这些人来公司做诊断，简直就是有钱没处花。

林翔在了解了李哥对工作的看法和态度后，发现他的问题是因为生活得太过盲目，少了上进心，也对自己的能力感到悲观。林翔在对李哥做了评价之后，突然睁大眼睛，对李哥说道：“你是我从业十几年来见到的第一个拥有超高领导力的员工，居然就这样被埋没了，实在可惜。”

在听到林翔说的话时，李哥并没有觉得惊喜，反而觉得无聊。但是，当林翔一条一条地针对测评做出解释时，李哥慢慢地开始相信自己是商业上的奇才，不过是一时被埋没了。这一次的谈话对李哥产生了很大的影响，后来他改掉了那些坏毛病，没过几年，果然坐上了总经理的位置。

实践证明，没有什么比积极的鼓励和赞美更能激发人的积极性，被专业人士认可，这让李哥开始相信自己的潜能，向着商业奇才的标准靠近。其实，林翔不过是用了心理学上的“期待效应”，轻轻松松就解决了问题。

心理学家也说过：“表扬能激发一个人最大的潜能，即使只是一句善意的谎言，不仅对孩子，即使是一个成年人，也可能是他一生的动力。”

当然，在表达钦佩之情的时候，也要遵循适当的原则，否则过犹不及。如果让人产生恭维、溜须拍马的感觉，或者不注意分寸，就会让人产生错觉，甚至看不清自己，自视甚高，傲慢无礼。

意外的赞美，会让对方喜不自禁

每个人在潜意识里都渴望得到别人的赞美。不管赞美的对象是人的外表，还是某一样品格特质。赞美是一种认可和肯定，在人际交往中，适时的赞美不仅能给对方带来惊喜和愉悦的心情，也能让自己的人际关系更加和谐。

要想让对方收获意外的赞美，就需要有一双善于发现的眼睛，一颗善于观察的心。在别人忽略的细节处，巧妙地赞美，收获的效果远大于刻意赞美。

在一次家族晚宴上，作为女主人的严太太费了很大的心思，请了个专业的团队，布置了一个美轮美奂的宴会现场。到场的宾客无不赞叹这里的灯光、音乐以及精美的食物等。严太太脸上始终面带微笑，尽职扮演着女主人的角色，周到地照顾着每一位来宾，并谦虚地说这些安排都是专业团队的功劳。

这时，在众多的赞美声中，出现了一个不一样的声音。

一个年轻人说道："严太太真是眼光独到，能找到这么优秀又这么专业的团队。这一定与您自身的品位分不开。"

众人听后纷纷点头赞同，严太太听到后，感觉这几天花费的心思都值得了。虽然她谦虚地将功劳推给宴会布置团队，但是在她的心里，也希望得到人们的认可。因为正是她费尽心力，做了各种了解对比后，才选择了这一个方案，这一支团队。在大多数人看不到的背后，终于有了一个理解她的人。

出其不意的赞美往往体现在出其不意的地方，巧妙运用赞美，在日常人际关系中，会带来意想不到的良好效果。

案例中，年轻人的着眼点在严太太身上，而非现场氛围，于是他的赞美就和其他人区别开了，直击严太太的内心，产生了更好的效果。

现实生活中，要留心身边的细微之处，不吝自己的赞美，可以参考以下几个方面。

1. 赞美对方的外表，要着重细节的用心。

相对于预期中的赞美来说，那些未曾期待的认可，更能让人感到惊喜和愉悦。如一个精心打扮的女生，见到的人都会说她漂亮。可是，如果有人通过她的内在修养来赞美她的品位，便会让赞美的效果更为强烈，让对方的愉悦感更强。

2. 赞美对方的创作，要看到背后的付出。

人们经常会拿出自认为得意的“作品”给身边的人看，期待获得预想的评价，得到相应的赞美。除了赞美对方的“作品”外，还要从侧面赞美对方所花费的心血和付出。让对方在期待之余，获得更多意外的肯定。

3. 侧面烘托比正面赞美更让人惊喜。

通过对方身边的人或事或物来赞美，达到侧面赞美的目的。比如，赞美一个年轻的妈妈时，可以说像孩子的姐姐。赞美一个人工作做得细致时，可以说这件事情处理得漂亮，可以当作培训教材了。这些比直接说对方年轻、工作能力强有用得多。

相悦定律：喜欢对方，别人才会喜欢你

相悦定律，就是指人与人之间关系融洽，相互喜欢，甚至因此而相互吸引。在人际关系中，不管是亲人、朋友还是情侣之间，都存在相悦定律。只要有一方

喜欢另一方，那么另一方也会渐渐地受到感染，而关注起对方来。

相悦是双向的，在实际生活中，当一个人总是着眼于对方的优点，懂得尊重对方，认可对方，时刻看到对方的长处时，那么他的身边必定也围绕着许多喜欢他的人。

刚上小学的阳阳最近很苦恼。放学一回到家阳阳就跟妈妈抱怨说，新同学都不爱理她，她也不喜欢他们，而十分想念以前在幼儿园的同学。

因为阳阳上小学时，搬了一次家，因此熟悉的幼儿园同学都不在阳阳现在上的小学。阳阳一开始也没觉得怎么，但渐渐地，她发现大家都有好伙伴，唯独她没有熟悉的同学。

阳阳因为孤单变得有些害羞，加上小学的作息方式和教学方式与幼儿园不同——在学习压力和陌生的环境一起作用下，她开始怀念以前的时光。

妈妈知道阳阳心理的变化，试着和她沟通了一番，问她对新同学有什么看法，为什么不喜欢。

阳阳说："我的同桌头发太长了，总是甩来甩去，有时候会打到我的脸。前面的同学总是喜欢靠着我的桌子。后面的同学说话声音特别大，害我听不清老师讲什么。"

妈妈又问阳阳，那她们有什么优点吗？

阳阳想了想说道："我的同桌长得很漂亮，头上的蝴蝶结也很好看。她喜欢和后面的同学讲话，她俩的家离得很近，以前就认识。老师说我前面那个同学很聪明，很会回答问题……"

阳阳边想边说，也列出了同学不少的优点。

妈妈适时地教育阳阳："你要想让她们喜欢你，就要先喜欢她们。比如，你觉得同桌的蝴蝶结很好看，可以真心地赞美她；你前面的同学学习好，你听不懂老师讲的问题的时候，可以向她请教。只要你愿意跟她们说话，她们也会愿意和你做好朋友的。”

虽然阳阳似懂非懂，但后来事实证明，阳阳的体验越来越好，和同学的关系也越来越亲密了，她的脸上也恢复了纯真的笑容。她说她现在又有了许多好朋友。

案例中，阳阳的妈妈就是利用了相悦定律来引导阳阳的。相悦是双向的，只要一方有主动的相悦行为，便很容易换来对方的热情回应。

相悦定律不论是用在学习还是用在工作上，都有着惊人的效果。据说，著名的销售员乔·吉拉德曾用相悦定律来做客情营销。他通过不间断地给客户寄送写着“我喜欢你”的贺卡，使得客户对乔·吉拉德的印象越来越深，也越来越喜欢他，而他也创下了日均销售五辆汽车的耀眼成绩。

在利用相悦定律处理人际关系时，要注意尽量不去关注对方的缺点和不足，而是将关注点多放在对方的优势和长处上。只有突出这些优点，才能让自己喜欢上对方，从而也获得对方的喜欢。

皮格马利翁效应：期待的力量

传说皮格马利翁是一名雕塑家，他把自己的全部热情和希望都放在自己雕刻的少女雕像上。后来，因为皮格马利翁爱得太深，爱神维纳斯出于感动，赐予了雕像生命，他终于如愿以偿和雕像度过了一生。心理学家们便用皮格马利翁效应来指期望对被期待者产生积极作用的现象。

期待者通过给予被期待者强烈的暗示，使得被期待者的行为会逐渐朝着期待者期望的方向发展，最后达到期待者的预期目标。

简单地说，就是一个人心中期望什么，那他就会相应地取得什么。当然，期待不分好恶，如果期待的事情是负面的，那么很可能事情也会朝着负面的方向发展。因此，在利用期待的力量时，要充满信心，相信事情总会朝着好的方面发展。

在某重点初中，校长对每个班级考试成绩总是排名倒数的几个学生感到十分头疼，于是请来了一位有名的教育专家，对他们的智力和学习状态进行评估。

经过评估后，教育专家将一份报告交给了校长，里面写满了每个参加评估的学生的潜在能力。教育专家认为，这些学生虽然目前看起来不怎么样，但是他们都属于后来居上者，成绩是有望得到改善的，他们的智力没有问题，只要多给他们一点鼓励和信心就行了。

于是，这些同学在老师的眼中变得不再那么差劲，而且老师也经常给他们鼓劲儿打气，将他们与其他同学一视同仁。

这样，到了期末，教育专家又来到了学校，要给之前评估过的学生们再次进行评估。

结果显示，他们的成绩果然较上一次有了显著提高。看到这个结果，老师们更加坚信了教育专家的评估结果。之后，老师们对这些差生给予了更多的关注和期望，也帮助他们慢慢地取得了更大的进步。

每个人都希望自己能够被肯定和鼓励，教育专家通过期待效应，让老师们对那些差生抱有信心，对他们给予了更多关注，使他们发生了显著的改变，从而实现了期待的目的。

在人际关系中，不管是什么身份的人，都处在期待与被期待中。领导期待员工上进，老师期待学生好学，家长期待孩子成才，等等。只有期待效应被尽可能放大时，才会不停激励被期待者朝着成功的方向奋进。

正确使用期待效应，应当多注意结合实际，让期待效应产生显著的效果。

1. 每一个被期待的人都应该得到足够的尊重。

被期待者首先是一个独立的个体，在人际关系中，不管处于哪个阶层，都应该得到充分的肯定和尊重。由尊重而衍生的期待感，使人产生一种被肯定、被重视的正面心理。

2. 不要吝惜鼓励和赞美。

当对被期待者抱有厚望时，一定要及时鼓励对方进步，对所期待的方向给予各种鼓励和引导，称赞对方的优点和长处，使之充满信心。

3. 实事求是，循序渐进。

期待效应极少产生立竿见影的效果，大多需要漫长的过程。在被期待者感受到进步和变化时，应当从心理上接受并肯定对方，引导其激发出潜能，逐步达到期待者所期望的目标。期待者最忌操之过急，因为如果被期待者产生了逆反心理，那么期待多半就会落空。

亲切的安慰能够抚平他人心中的伤痛

人生在世，开心快乐或许会迟到，但各种烦恼从来不少。特别是面对人生重大变故时，如亲人离世、高考失利、失业失恋等，势必承受许多内心的痛苦。每个人在经历这些痛苦时，无不希望能有个理解自己的人出现，安慰并带领自己走出阴霾。

每个人在经历伤痛时，表现的方式不同，希望被安慰的方式也不同。有的人需要陪伴，有的人需要独处，而有的人则需要倾诉。将心比心，他人在遇到此类伤痛时，也会希望得到我们真心的安慰，以抚平心中的伤痛。

英子是一个留守儿童，在她十多年的岁月里，没有见过几次面的父母和年迈的爷爷奶奶就是她全部的亲人。

英子每天走八里地去上学，从小学一直到初中，在离家上高中后，家里突发变故，爷爷奶奶相继去世。这件事给了英子极大的打击，在她心里，爷爷奶奶是自己最亲的人，甚至胜过了父亲和母亲。

从爷爷奶奶去世后，英子便不再回村子了，既然唯一的念想没了，那她回去也没有什么意义。可是最近，英子却陷入了烦恼，那便是她的父母回了老家。

据说，是因为她的父亲被检查出了癌症，于是辞了工作，心灰意懒之下，和她母亲一起回了老家。在得知这个消息后，英子愣了许久，最后失声痛哭。虽然她对父母的感情淡薄，可他们毕竟是她在这世上最亲的人了。至少在某些时刻，她也会想起他们，明白自己并不是个孤儿。可现在，父亲出了事，她还记得当初爷爷离世后不久，奶奶便因为悲痛很快随之而去了。她不敢想，她怕母亲也步了后尘。

因为受家里变故的影响，英子的学习成绩直线下降，班主任看到后，也是焦心不已，便找她谈心。当听到英子的一番描述后，班主任陷入了沉思。

过了许久，班主任才说道："虽然我对你的遭遇无法感同身受，但是我能理解你的痛苦。"

英子听到班主任的话后，眼泪奔涌而出。

班主任于是摸了摸英子的头，似乎给了她无尽的力量，温柔地问道："下一步怎么打算？"

"我想回家一趟。"英子和班主任倾诉完，感觉好多了，也想好了该怎么做。

班主任亲切的安慰不仅安抚了英子的心，也给了英子直面不幸的勇气。乐观的人能找到足够的理由让自己重新振作起来，而悲观的人可能会陷入无尽的悲痛之中，无法自拔。

命运无常，不幸和痛苦也是人生无法避免的经历。当遇到身边有人需要安慰时，讲究方式方法，给予他亲切的抚慰，也许就能将他从泥潭中拉出。因此，一个懂得安慰他人的人，在人际关系中总是受人欢迎的。那么如何才能做到亲切地安慰他人呢？

1. 理解对方的伤痛，与对方共情。

这世上，很多时候我们无法真正做到与他人"感同身受"，但是可以给予他们理解和认同，与他们共情。当一个人处于悲伤痛苦中时，最需要的就是被人理解和认同。准确地说出对方正在经历的苦难，让对方感受到被关心、被在乎的温暖。

2. 倾听对方的诉说，当一个合格的听众。

很多时候，只要能将心中的伤痛说出来，便能好一大半。所以，安静地聆听，是给对方的最好的鼓励和安慰。给他足够的空间释放自己的情绪和压力。

3. 理性分析，引导对方思考出路。

安慰他人时，最忌直接告诉对方该如何去做——既然无法感同身受，自然无法了解对方的顾虑和难处，更不能以自身的主观情绪去判断对方的想法。因此，最好的办法不是给出解决方案，而是帮助对方厘清思路，引导对方振作起来，思考出路。

用具体而多元的表达传递感激之情

我们从小就被教育要做一个讲礼貌的人，特别是得到别人的帮助时，要明确说“谢谢”。因此，“谢谢”两个字，成了许多人最常说的话，随着时间的推移，人们在表达感激感恩时，说得最多的就是“谢谢”。

成年后，人们感到有些事单靠“谢谢”两个字太单薄，不如加上一些礼物，更显得有诚意。于是，表达感激的方式，变成了“谢谢”加上礼物，甚至催生了一些不良的社会风气。

其实，许多人在帮助他人时，并不是为了得到物质的回报。除了物质上的回报外，还有许多更有意义的表达方式，能让人欣然接受你的感谢，也因你的诚意而感动不已。

玉玲是一名小学教师，从事教学工作十几年以来，教过了许多学生，最早的一批都已经大学毕业了。这么多学生中，给她留下深刻印象的只是很少的一部分。

但是有一个学生，从她入学的第一年起，玉玲便记住了她，并且这么多年来，每每想起她，依然会感动不已。这个学生叫肖敏，家境贫寒。刚转学过来时，她的学习成绩一般，平时沉默寡言，在班上显得极为普通。考虑到肖敏的基础较差，玉玲经常在课后给她补习功课。

没过多久，迎来了元旦，班上的同学开始自发地给老师送礼物——虽然只是简单的自制贺卡，但同学们兴致颇高，老师也不再阻止。

肖敏却没有做贺卡，因为她没有彩笔。她给玉玲老师的礼物是一本写得方方正正的钢笔字。虽然这只是一份简单的礼物，却让玉玲感动不已。

后来，她每一次都用自己的进步来回报老师，终于在毕业时考入了重点中学。之后的每一年，她都会寄一份自己的学习成绩单给玉玲老师，以表达对老师当年启蒙教育的感激之情。

许多人在得到帮助后，因为不懂得如何表达感激之情，最后往往会选择沉默，或是以一句简单的“谢谢”回应。

有时，简单的道谢还不足以表达我们的心意，如案例所示，如果肖敏对玉玲老师的感激也只是一句“谢谢”，那玉玲老师在多年后，必定不会对她印象深刻，并且感动于她的努力和自己的教有所成。

因此，在人际交往中，表达感激的方式有许多种，除了真诚的发自内心的感谢外，还可以用具体的行动来表达感激，那会让人更加感动。

1. 在用语言表达感谢时，加上具体的称呼和具体的事件。

比起单调的“谢谢”，在表达时改成“谢谢你，××，多亏了你的帮忙，我才得到了客户的认可”，这样能让人感觉更加亲切，并且再一次想起当时的事件，从而加深印象。

2. 用肢体语言代替话语表达感谢。

许多人不善言辞，但是肢体语言一样可以表达出感谢，甚至比话语更有力量。比如，紧紧握住对方的双手，或是拥抱对方，对方感受到来自感谢者的诚意和激动的心情，也会受到感染而激动不已。

3. 用实际行动表达感谢。

肯定对方的付出，将对方给予帮助后自己得到的实际成绩反馈给对方，比物质表示更有意义。如案例所示，用成绩来回报老师，学生的好成绩也是老师最期待的事情，因此会比任何的贺卡、鲜花都更有意义。

表示感恩，引导人际关系的良性互动

感恩是一个善良的人必备的优良品质。感恩的人通常不会为了一些小事而斤斤计较，却会为了一点感动而铭记在心。感恩的人更热爱生活，与人为善，生活积极阳光，心态健康。

当一个人受到他人的恩惠，心存感激时，便会将感激之情化为一种回报意识，对帮助、支持、引导过自己的人心存感激，并时刻想着将来有机会时，用实际行动来予以感谢和报答。

曾听过这样一个励志故事，说是贫困山区的小学生收到了一批捐献来的物资，其中有一个学生给捐献者写了一封长长的感谢信，言辞恳切，令人动容。后来，捐赠者资助了这位学生的所有学费。这就是感恩带来的良性互动，让人际关系变得更加融洽。

坐在宽敞明亮的办公室里的王总，说起自己过去的坎坷经历时，实在让人感叹。可是再看他如今的成就，却似乎又是一种必然。

王总说，50岁前的他，一事无成，负债累累。当时为了多做点业务，应酬、熬夜是家常便饭，可是好不容易积累的一点资金，却在一夜之间被骗了个精光。就连相伴多年的妻子，也突然撒手离去。双重打击，几乎让他一蹶不振。可是他最终还是站起来了，他对那些年帮助过他的朋友们始终心怀感激。

说到这里，王总的眼里流露出了温和的目光。就因为这一份真挚的赤诚之心，王总的身边总有些肯真心实意帮助他的人。

“不为别的，就为他这个人有情有义。”这是帮助过他的人给他的评价。

因为就算公司濒临破产，王总也绝不拖欠员工一分工资；就算负债累累，他也坚持按合同保质保量地完成任务。所以员工们自愿留在公司和王总同甘共苦；客户感动于他的执着，又给了他新的订单；供应商有感于他的守信，答应给他赊账。就这样，经过几年的打拼，他重新站了起来。

每次谈及往事，王总总会提起那些帮助过他的人，靠着吃水不忘挖井人的

感恩之心，他在业界的口碑越来越好，生意也越做越大。

感恩心理的强弱因人而异。常怀感恩之心的人，更容易在面对逆境时获得他人的帮助。因为在他的世界中，总是充满了善意和亲近，形成了他在社交中的正面形象，也为他带来更好的人际关系。

而良好的人际关系总是互惠互利的，感恩在其中起了不小的作用。案例中，王总和他身边的朋友，互相感念对方的关怀与付出，互相成就了更好的人生。

学会感恩会让人变得更加积极，心态更加平和，因为我们会更加珍惜当下这来之不易的生活。感恩能加深彼此的了解，增进双方的关系。在日常生活中，我们可以通过以下几个方面有意识地发掘自己的感恩之心。

1. 用积极欣赏的眼光看待生活中的真善美。

生活中值得感激的小事到处都是，只要善于观察，便能发现每一个小小的举动背后都有值得感念的地方。比如，邻居随手按住电梯等你，难过时身边的人递过来一张纸巾。

2. 肯定对方的付出，哪怕它不够完美。

当对方出于好意为你做的事产生的结果却不尽如人意时，更需要我们表示感谢而不是指责。特别是日常接触比较多的朋友，好心办坏事的情况屡见不鲜。但是，比起事情本身，对方的真心付出更值得被认同和感激。

3. 将感恩变成一种习惯。

感恩是一种可以培养成习惯的心理。如果刚开始时，表达感激之情让人显得有些难为情的话，那么就从心里开始认同，将每天经历的感恩的事情，整理成日记，日积月累后，便会形成条件反射式的感恩习惯。

CHAPTER 06

第六章

善于引导，获得对方真心的认同

缩小认知差距，逐步接近目标

认知是指人们在社会活动过程中，对接收到的信息进行判断和再加工，从而获得自己的理解，并因此产生不同的人生观、价值观和世界观的过程。

每个人自身经历不同，特别是受教育程度不同以及成长环境不同，导致认知出现差距，特别体现为对人对事认识不同。

因此，在人际关系中，要接近一个认知与自己完全不在同一层面的人，首先是要想办法缩小这种认知差距。当自己和对方的观念处于同一层面时，就更容易接近对方了。

两个学习成绩都很好的同学，一个来自富裕家庭，另一个来自贫困家庭。

家庭富裕的同学因为从小上了各种培训班和辅导班，除了成绩名列前茅外，还掌握了各种艺术特长，非常自信。就算偶尔成绩下滑，她也毫不在意，因为她知道自己的综合能力比成绩更加耀眼。

而家境贫寒的同学与之相比，除了学习成绩外，再无其他优势。因此她非常努力地学习，把所有的心血都倾注在提高成绩上，只要有一点波动，不能保持优势时，她的心态就会崩溃，会难过好多天。因为除了成绩，她再也没有拿得出手的东西了。

在一次摸底考试中，因为卷子出题偏难，两个人都考得不好，分数降了许多。家境富裕的同学在经过认真分析后，觉得自己没必要去拼顶级大学，退一步选择了更具专业特色的大学。

而家境贫寒的同学，对她来说，只有进入顶级大学才能证明她的实力和价值。她不顾同学和老师的劝阻，拼了命地学习、复习，毅然选择了北大。最后她由于心理压力过大，导致高考发挥失常，只考上了一所相对普通的大学。

当一个人拥有了较强的认知能力后，他也会变得特别自信。因为他通过大量事实验证，运用自己的思考和认知，看到了其他人看不到的事物本质。因此，他更能准确地抓住机会，做出更加正确的选择。而认知能力差的人，只能将这一切归于命运的不公平，归于外界的因素，很难认清自己的现状。

要想缩小人际关系中的认知差距，不仅要了解对方的层次，还要努力提高自己的思想修养与境界。凡是通过后天的学习能提高的东西，皆是可以通过努力实现的。

1. 保持“空杯”的学习心态。

在提升认知时，最忌自以为是。只有抱着强烈的学习愿望，意识到自己的不足和短处，不断学习，不停思考和吸收，才能让认知升级，从而靠近目标。

2. 学会全面思考问题，拒绝片面判断。

认知不足的很大一部分原因是思考的方式不对。他们往往在只看到事情的表面时就迫不及待做了判断，而没有纵向、横向地发散思维，进一步思考与之相关的事物。认知升级很重要的一步就是改变自己的思考方式，对任何事情都试着多考虑几方面再做判断，有助于避免得出人云亦云的结论。

3. 树立信心，不卑不亢。

“见贤思齐”，人们都有向“贤者”靠拢的愿望，但在感受到与对方的认知差距时，很多人会表现得自信心不足，心生自卑。其实大可不必如此。术业有专攻，每个人所在的专业领域不同，用自己的弱势与对方的优势比，只是徒增烦恼。当觉得难以攀上对方的高峰时，可以另攀一座属于自己的高峰，也不失为一种缩小差距的方法。

利用共同准则，把握事态发展的方向

共同准则就是指双方在目标一致的情况下，共同朝着目标的方向努力，最终实现目标任务。

在现实社会中，经常有一些人喜欢单打独斗，或是独自解决问题，而忽略了与自己有共同目标的其他人，从而不能有效利用共同准则把握事态的发展方向。

就拿团队来说，一个团队至少要有一个共同且清晰的目标，并且这个目标是所有成员都努力的情况下可以实现的，这样，团队成员便能得到激励，朝着共同的目标前进。

有一家做互联网咨询服务的公司，创业初期由于业务较为新颖，市场需求量大，后来慢慢地出现了不少竞争对手，导致业绩下滑得厉害，眼看着就要入不敷出了。公司市场部顶着上头的压力，召开了一次中高层的会议，目的在于从危机中杀出一条血路，改变公司的现状。

经过两天的激烈讨论，会议定下了下一步的目标：公司不能吃老本，必须在3个月之内，使新增客户数达到总客户数的20%。这一目标是公司所有中高层讨论的结果，大家都对这个共同目标没有异议。

在共同目标的激励下，除了市场部和销售部外，其他各部门也积极配合，群策群力，动用了所有资源来促使目标达成。最后，3个月的期限未到，公司就已经完成了既定目标任务。

市场部的做法非常正确。在公司出现问题时，不是关起门来自行思考如何解决问题，而是将问题摆在全公司员工面前，让全体员工都为了共同的目标而努力，这样才能保证在市场部的引导下，最终完成目标任务。

因此，在人际关系中，利用共同准则的前提是共同制定准则，制定准则的过程必须是双方共同参与，少了任何一方都构不成共同准则。在双方认可的基础上制定出来的共同准则或目标，能够让双方达成一致，相互协助支援，把握住事态的发展方向，不偏离既定的轨道，从而完成目标任务。

适时"守拙"，削弱对手的防卫意识

"守拙"是一种中庸的处世哲学与智慧。生活中那些大智若愚的人，往往具有敏锐的洞察力。他们深谙人心，却收敛锋芒，将一切都藏在心里，表面看来与众人无异。

懂得适度守拙的人，为人练达，不骄不躁。他们平时低调不张扬，凡事谦让，审时度势，让对手放下防备，而在关键的时刻，他们往往出奇制胜，取得成功。

某大型零售集团要拓展新的项目业务线，在集团内部进行项目方案征集。

消息一出，各部门都摩拳擦掌，跃跃欲试。经过初选，集团暂定了三个方案入围，提交董事会审查。

A君是销售一部的负责人，这些年经他制订的销售计划数不胜数，加上他在公司内部的地位以及董事会高层有熟人，因而他对自己的方案非常有信心。

B君是运营部的负责人，在拓展市场方面，有着非常丰富的经验，他们部门出的方案也非常亮眼，并且B君本就被高层看重，有望在今年考核后升为副总裁，他要抓住这次项目的机会。

C君刚刚调入集团，任销售二部负责人，销售二部是个新部门，员工都是C君调来后新招的，不过一年而已。目前他们销售业绩一般，并且C君在集团高层并无熟人，因此，一切都要靠自己。

三份方案在进入董事会讨论前，进行了公示，集团员工可以将自己对项目的意见和建议投到董事会信箱。初步看来，集团员工基本更倾向于A君和B君的争夺，而对C君，认为他只是陪跑罢了。

对于这样的舆论，C君似乎毫不在意，依旧兢兢业业地做着自己的本职工作，等待着董事会的审查。谁知，审查结果令人大跌眼镜。C君凭借着看似平平无奇的方案顺利突围，直接打败了A君和B君精心制作的项目方案。

A君和B君自然是不服气的，要是他们输给了对方，自然无话可说，两人本就旗鼓相当。但是输给了C君，是怎么也想不明白的，于是两人一起找到了董事长。董事长示意他们少安毋躁，吩咐秘书沏茶，然后一起坐了下来，心平气和地谈起来。

董事长："你们先别急，C君能打败你们，靠的可是真正的实力。"

A君和B君都表示不服，说："C君的方案中规中矩，平平无奇。"

董事长说道："虽然你们的方案都很有特色，高度够，目标也很宏大，但是你们的缺点也非常明显：必须依靠集团投入大量的人力、物力才能实现。而公司通过测算，不能快速实现盈利的方案，本身就是一处硬伤。"

两人都点头表示认同董事长的话。

董事长接着说："C君的方案虽然亮点不够突出，但是逻辑严密，分配合理，考虑到了方方面面的配合情况，可操作性强。这样的方案公司执行起来十分稳妥，自然能够顺利通过了。”

A君和B君听完董事长的话后面面相觑，都认为C君平时行事低调，致使他们都不重视他，他才一鸣惊人。

有些人守拙是因为自身谦虚豁达的处世态度，有些人守拙是为了暗中蓄力，出奇制胜。案例中的C君做人做事一向低调，以致A君和B君都对他卸下防备。他没有什么背景，但是有实力，在被A君和B君忽视的地方，做出了引人注目的成绩，一鸣惊人。

现实生活中，锋芒毕露的人随处可见，懂得守拙的人也不少——不过很多时候是由于他们隐藏了锋芒，叫人难以察觉而已。而他们所做的工作，在成功前也往往是不起眼的，很难引起人们的注意。也因此，他们在取得成功后，常常被人称为“黑马”。

但是守拙也要有度。如果在人际交往中，过于讲究人情练达，手段圆滑，甚至为了拙而拙，就会失去本心，给人留下虚伪、狡猾的印象。

问对问题，让对方跟着你的思路走

苏格拉底是人类历史上最伟大的哲学家之一，他非常善于使用诘问法，不断地提出问题请对方回答，从而得出最终的结论，这就是著名的“苏格拉底法则”，也被许多人视为人际交往中的一个黄金法则。

这个法则的核心就是通过不断地提问，引导对方的思路朝着自己所要获知信息的方向前进。在与人沟通时，运用“苏格拉底法则”问对问题，往往能顺利实现沟通的目的，少走弯路，提高沟通效率。

王强是个非常聪明的小朋友，年纪不大的他常常表现出同龄人少有的机智。有一次，他去小伙伴家里玩，做游戏时，不小心打碎了一只漂亮的花瓶。

那花瓶是主人最喜欢的摆件之一，天天擦拭，十分珍爱。小伙伴见状，“哇”的一声哭了：“我爸一定会打死我的。”

其他小伙伴都面面相觑，心里直打鼓。

王强站了出来，冷静地安慰道：“别怕，一会儿叔叔来了，我来跟他说。”

过了一会儿，主人回来了。

王强迎了上去，说道：“小孩子做游戏再正常不过了，对不对？”

主人点头道：“是的。”

王强又说道：“做游戏时，蹦蹦跳跳，有时有点小的磕碰受伤也是很正常的，对不对？”

主人又点头道：“是的。”

王强再说：“有时候碰到了易碎的东西，有些损失也是在所难免的，对不对？”

主人隐隐有了不好的预感，但还是点头答了“是”。

于是，王强站到一旁，露出了身后的花瓶碎片，摊摊手道：“您看，非常抱歉，我们也阻止不了这种事情的发生。”

主人气得脸都青了，可自己刚刚确认了“在所难免”的事，只好无奈地拂袖而去，谁也不追究了。

王强小朋友利用提问的方式，步步为营，最后引导主人顺着自己的思路，从而将问题解决了。这便是问对了问题。

在工作和生活中，人们常常会遇到一些令人尴尬的场面，或是谈话难以继续的时候。这种时候，运用问问题的方式，引导对方的思路，让对方自己找到最终答案，效果显然更好。

但是在运用提问的方式引导对方时，最好先了解对方对此事的态度和看法，并且在提问的过程中一定要注意以下几点。

1. 发问时态度谦和，身体微微前倾，保持微笑与专注，降低对方的防备心理。

2. 一次只提一个问题，等对方给出确切答案后，再提下一个问题。

3. 封闭式问题比开放式问题更容易得到答案。如案例中对方只能回答“是”或“不是”，或者在问题中让对方选择，比如“你觉得这里应该用黄色还是用橙色”。

4. 给出提示，引导对方思考。比如，一位售楼业务员可能会这样提示看房的客户：“当你早晨推开窗的时候，眼前是一片广阔的江景，微风轻抚，不觉得惬意吗？”客户在听到这样的提示后，心里便会产生一种愉悦的感觉，从而进入售楼业务员描绘的场景中去思考。

巧用心理暗示，不露声色施加影响

心理暗示是一种较为普遍的心理现象，它是指人们对从外界接收到的各种信息、观念和情绪进行自我加工后得出的心理暗示。几乎所有人都有过自我暗示和被暗示的经历。

在人际交往中，如果能巧妙利用心理暗示，有意识地传达某些特定的信息给对方，就能从心理上影响对方的情绪和判断，从而达到自己预设的目标。

从事钢琴教学的李老师最近收了个学生。这个学生是一个刚满 4 岁的小姑娘，刚开始学钢琴的前几天，兴致颇高。可是渐渐地，她就没了兴致，加上练琴的枯燥，便打起了退堂鼓。

上课时，小姑娘不注意听，小动作特别多，精神不集中，一会儿喝水，一会儿上厕所。李老师对此感到十分头疼，思来想去，想了个法子。

在小姑娘每弹完一支完整的曲子时，李老师都会夸张地表示小姑娘弹得太好了，太动听了，真是个音乐小神童，都有些陶醉了。

小姑娘被老师的神态语气逗得开心得不得了，自我感觉也非常好，整节课上下来，效率特别高。

回家后，小姑娘的妈妈也效法老师，拿了几个布娃娃当听众，小姑娘每次弹完一曲，妈妈就让那些布娃娃"陶醉晕倒"。小姑娘渐渐觉得自己确实越来越棒，弹得越来越好了。后来，每次练琴，她都自己摆起了布娃娃，再让布娃娃听完后"晕倒"。也因此，小姑娘的进步非常快，很快就超过了同龄人的平均水平。

案例中的李老师通过夸张的语言，夸奖小姑娘的钢琴学得特别好，激起了她的自信心。后来小姑娘在自己练琴时，通过布娃娃进行自我暗示，同样取得了非常好的效果。这些都是心理暗示在发挥作用。

那么在人际交往中，如何通过心理暗示，对他人产生潜移默化的影响，让他们获取自己潜在的意愿呢，一般从这几方面入手。

1. 通过外在的形象给予暗示。

在面对不同的人、出现在不同的场合时，可以通过特定的妆容、服饰等，给人以特别的暗示。比如，盛装出席一场宴会，表明了对宴会的重视；而如果不修边幅地出现，则暗示了自己的抗拒和无奈。

2. 通过“无意识”的肢体语言给予暗示。

肢体语言一般都是下意识的行为，但是在运用“心理暗示”时，可以有意识地利用肢体语言所代表的含义，让对方产生符合自己预期的判断，暗示对方自己的所想所思。这种暗示非常隐蔽，因为是对方自身的判断，所以接受度非常高，也非常容易产生效果。

3. 通过“言外之意”的对话给予暗示。

语言的艺术性在于它富于变化。同样的一句话，不同的停顿方式，不同的语气，都能说出不同的意思来。当有些话无法直接说明白时，可以采用反语、比喻等修辞方法来讲。因此，在沟通时，将真正的意思藏在话语之后，用对方能够明白的方式进行沟通，产生的效果或许会比直接告知更好些。

积极的沉默，给予对方思考时机

俗话说：“沉默是金。”沉默是一种无声的语言，在人际交往中，沉默的作用不可小觑。适当的沉默，给对方更多的思考和表达空间，让彼此都能找到舒适的沟通节奏。在积极的沉默过程中，倾诉者可以把想说的话说个痛快，倾听者也能充分理解对方的意思。

美国心理学教授古德曼认为：沉默在沟通中的作用就好比是数字零的作用，尽管是零，却很关键，因为它是有效沟通的基础。他的这个观点也被称为“古德曼定律”。

在二手市场上，出现了一个摊位，卖的全是办公家具。家具看着质量不错，不像地摊货，而且接近全新，没有标价。摊主一个人默默地坐在摊位旁，看着人来人往，既不拉客，也不吆喝，似有待愿者上钩的意思。

这时，果然来了一个顾客，对这些家具挑挑拣拣，指出各种瑕疵、缺陷，几乎将这些家具说得一无是处。摊主只回了一句："您要是不满意，我办公室里还有很多。"

顾客听后，顿时眼睛亮了起来，当即表示要跟摊主去他的办公室看看。

摊主的办公室在一个高档的写字楼里面，装修得非常新，办公家具也比摆在外面的品质更好。顾客刚好有这个需求，当即仔细查看起来。在顾客看的过程中，摊主始终默默地等着客人开口。而这个顾客依然将他办公室里的家具批评得一无是处：不是嫌样式老旧，就是吐槽设计不合理，不方便使用，等等。

顾客直到全部看完后，才拍了拍手，跟摊主说道："这样吧，你这些东西比较一般，一口价，我全收了，最多20万元，多一分都不要了。"

摊主惊讶了一下，还未开口，顾客以为摊主嫌少，立即又说道："最多再贴一点运费给你。"

摊主二话不说，当场拿了张纸，拟了个简单的协议，把家具都卖了。

原来，他没预想到会卖得这么容易，更没想到能卖出20万元的高价，他的心理最高价位只有15万元。

可见，沉默在人际交往中有着多么奇妙的作用。它比争辩更能让人觉得可信。因为沉默的人让人一时猜不透想法，无法洞察意图，便让人多了一份敬畏与信服。

沉默不是简单地不说话，而是一种沉着冷静的姿态。沉默时，不仅要控制表达的欲望，还要控制面部表情、肢体语言。沉默是为了给对方更多的发言机会和更多的思考机会，保持认真且专注地倾听，给对方创造一个倾诉的环境，从而有效把握对方的心理，理解对方的意图。

软绳捆硬柴：发挥柔性化沟通的力量

所谓软绳捆硬柴，是农村的一句俚语，指的是碰到强硬的人或事时，不能简单地硬碰硬，而是要发挥柔性的力量，试着以柔克刚。

在人际关系中，尤其要注意这一原则。在与他人沟通时，如果碰到说不通对方，或者是对方拒绝沟通的状况，尤其是涉及双方的利益关系时，这一原则就能很好地发挥作用。这时，硬碰明显是下策，我们要从对方的实际情况出发，找准突破口，改用柔性的力量，让对方的力量打在软绵绵的棉花里，便能起到四两拨千斤的效果，实现良性沟通的目的。

今年刚分配到社区街道办事处的小徐，是个刚毕业的年轻小伙子。这份工作对一个大学生来说，说难也难，说不难也不难。当然文件数据的整理一点都难不倒他，倒是家长里短、街头巷尾的一些鸡毛蒜皮的小事，着实让他掉了不少头发。

原来，小徐所在的社区是个老小区，街道比较老旧，但烟火气息十足，特别是周边的小摊小贩非常多，而且小区居民年龄两极分化严重，不是老就是小，也爱在街上溜达。

最近，社区组织了一项“老小区换新颜”的活动，除了要给社区居民普及新风尚外，还要让社区在保持古朴的建筑风格下，环境焕然一新，重新焕发生机。

小徐负责的这一条街巷，任务尤其繁重。在不停的广播宣传下，许多流动摊贩也渐渐地撤离了这里，但是总有一些顽固的摊贩，依然时不时地出现。而且每次出现，总能引来一群大爷大妈争相购买。

对此，小徐没有采取强硬的驱赶措施，也没有在大家围着购买时上前“捣乱”，而是耐心地等人走得差不多了后，微笑地对摊贩说：“非常抱歉，请您配合一下，我们这里不让摆摊，我知道您赚钱不容易，但是这样也让我很难做。”

摊贩遇到小徐这种苦口婆心规劝的，也会觉得不好意思，立即就推着车，点着头走了。但是没过多久，看到小徐不在，又会推着车回来。而小徐也会不厌其烦地再次上前劝说。并且告诉摊贩，按照规定，劝说超过三次，就要拍照反馈给城管了。

后来，摊贩觉得小徐也不容易且又好说话，于是渐渐地换了线路，不再来这条街巷了。

柔性沟通的目的在于让沟通达成效果。如果小徐一上来就强行驱赶摊贩，不仅会惹得摊贩不满，也难免惹得买东西的大爷大妈不高兴，甚至还会因此起冲突。而小徐采取了谁都无法拒绝的微笑劝说，以柔克刚，让对方从心底产生认可，听了小徐的劝导，达到了“捆硬柴”的效果。

柔性沟通是一种沟通的策略，主要是通过抓住对方的心理，动之以情，晓之以理，让对方产生同理心，从而实现自己的目标。

但要注意的是，柔性沟通不是低声下气的请求。沟通的双方不论身份有多大的差异，通过柔性的手段，都能使对方感受到被尊重和被重视。

柔性更不是卖惨，它只是一种辅助手段，不是为了目的而无下限地卖惨求理解，那样的沟通只会让人看不起，甚至遭人嘲笑。

逐步提出要求，循序渐进“登门槛”

“登门槛效应”是指一个人从提一个微不足道的要求开始，一步一步地提更大的要求，最后实现更大的目标。这种效应犹如上台阶一般，一级一级地往上走，最后便能到达目的地。

在人际沟通中，可以发挥“登门槛效应”，设计好从易到难的步骤，逐步提出要求，一步一步引导对方进入自己指引的方向，实现自己的目标。

李磊经营着一家不大不小的猎头公司，这几年因为同行的崛起，竞争压力越来越大了。好不容易拿到一个集团高管的猎头任务，李磊无比慎重，决定亲自上阵。

客户的要求不复杂，就是要找一位懂技术的大区销售总监。但就是这一句话，让李磊着实头疼了一阵，在人才库里搜了一圈，也没找到太满意的：一般技术熟练的，不喜欢往销售堆里扎；而销售做得好好的，又没几个肯用心钻研技术。再加上是高管岗位，这人才就更加难求了——有了一定资历的人大都比较坚定，有自己的方向和规划，不会轻易放弃自己的工作。

李磊接触了一轮，只有一个人既有技术功底，又有销售眼光，在得到客户的认可后，李磊立即制订了详细的计划，把目光锁定了吴刚。经过了解，刚好这个叫作吴刚的人刚刚离职不久，正打算利用这些年积累的人脉条件，自己创业，而不再考虑给人打工。

李磊诚恳地约了吴刚见面，考虑到他创业的方向和客户也是同一个行业的，便游说道，或许他可以从行业龙头中获取一点经验，好提高创业成功的概率。

吴刚一开始是不接受的，毕竟他不是初出茅庐的愣头青，也积攒了好多年的工作经验，实在不需要再去做这些。

这时，李磊介绍道，集团为他提供的职位是城市合伙人，前三个月集团出所有的费用并提供各种宣传支持。三个月以后，城市合伙人所在的公司将自负盈亏，并且集团只抽取其中10%的利润，其他的都归城市合伙人所有。李磊建议他，给自己三个月的时间，就当为创业先彩排一次。

吴刚笑了，这看起来似乎真的是一笔无本的买卖、绝佳的彩排机会，刚好也能利用这个岗位，对整个行业现状做一次摸底。吴刚最后被李磊成功说服，表示愿意入职实习一段时间，如果发现不合适，会随时离开。

三个月的时间很快就过去了，这时集团人力资源部通过和李磊沟通后，认为吴刚具备升任大区总监的能力，很快，集团发了吴刚调任通知。这样，做得顺风顺水的吴刚，也舍不得就这样中途放弃，加上总部十分看重和栽培他，于是放弃了自己之前创业的想法，欣然接受了这份工作。

案例中，李磊正是巧妙运用了“登门槛效应”，步步为营地实现了自己的目标。而对吴刚而言，创业准备期的他刚好需要这样的机会充实自己，因此不知不觉改变了最初的计划。

生活中类似的事情还有不少。面对一个看似不可能实现的目标，可以从一些对方比较容易接受的地方开始，在得到对方认可后，再进一步提出要求，逐步推进，直到实现目标。

在运用这一效应时，切忌操之过急，一定要经受住时间的考验，在确认实现了第一步后，再进行第二步。否则，一旦对方表现出明显的抗拒，可能就前功尽弃了。

利用逆反心理，强迫不如引导

逆反心理是指人们对某个事件或对方的要求采取的一种相反和否定的态度，通常表现为“拒绝”“不合作”的行为特质，以此显示自己与众不同的心理状态。

生活中，每个人或多或少都会有一点逆反心理，尤其那些戒备心强的人就更明显了。因为在人们适应外界的过程中，经常会有怀疑和顾虑的时候，特别是在被对方强烈要求的情况下，会产生本能的拒绝行为。在面对逆反心理时，巧妙地利用对方的逆反心理，顺着方向引导比强迫有用得多。

南方姑娘清清来北方上大学后，和学长杨洋谈起了恋爱。杨洋是个北方人，大学期间，两人的感情发展得挺顺利，顺风顺水走到了杨洋毕业的时候。

因为有一个人毕业了，两人开始面临现实问题。

清清的父亲不同意女儿和北方的小伙子交往，这件事与杨洋无关，是作为父亲的他舍不得女儿远嫁。在父亲的强烈要求下，清清毕业后，回了南方老家工作，但始终与男友杨洋保持着恋爱关系。而杨洋的家人也不希望他找南方姑娘，怕习惯不同，不好相处。在两家人的联合打压下，两人的爱情反而越发稳定。

后来，清清的父亲提出，如果要娶清清，杨洋必须来到清清所在的城市工作、定居，否则免谈。而杨洋家人的态度也是十分坚决，决不肯迁就清清。就这样，两人蹉跎了好几年。

最后，还是清清的父亲松了口。父亲眼看着女儿越来越大了，再这样下去，就怕耽误她一辈子；而杨洋除了是北方人之外，也没有其他的不好，慢慢地就开始接受杨洋。

对此，杨洋欣喜若狂，经常借着出差的名义来南方看望清清，和准岳父的关系也越来越好。再后来，杨洋得知公司总部有派遣南方的工作名额，便申请了调岗，没多久，就到了清清所在的城市。

两人好不容易走到了一起，感情非常稳固，最后杨洋便在南方买了房子安了家，而杨洋的父母也时常过来看他们。

拥有逆反心理的人往往越压迫越反弹，只能顺着引导，才能最终达到我们的目的。案例中，杨洋一家人并不是真的要反对杨洋离开家乡外出打拼，只是因为清清一家的坚持，他们产生了逆反心理，才不同意杨洋去清清所在的城市。而当清清的父亲松了口，顺了杨洋的意思后，杨洋一家反而敞开了心扉，顺了清清家人的意，最后皆大欢喜。

越不让他做的事情他往往越要做，越强调的事情他越容易抗拒。逆反心理就如水龙头流出的自来水，越堵越容易喷水，只有顺着水嘴插一根水管，才可以把它引到需要它的地方。

逆反心理并不会凭空出现，一般都是因某种情况，或是某个人而起，归结起来，主要有四种。

1. 好奇心驱使。

这种逆反心理比较轻。通常人们因为好奇，对既定的结果感到不满意，产生了疑问和困惑，就想要从反方向寻找答案。只要适当满足其好奇心便可。

2. 戒备心强。

戒备心强的人往往具有怀疑精神。对所有被安排的事情，都会产生被迫害的妄想，以致不会轻易相信对方，自然也不会轻易按照对方的要求行事。

3. 喜欢特立独行、不落于俗套。

个性鲜明的年轻人，对于一切约定俗成的事物常常抱着怀疑的态度，总希望强调自己的个性与众不同，喜欢标新立异。因此，他们常常与旧例习俗唱反调，表现出强烈的逆反心理。

4. 受生活环境的影响，性情多变。

如果一个人从小到大都受到了家长严厉的管教，那么他走上社会后，一旦被欺骗或者感情、事业不顺等，往往会性情大变，乖张忤逆。

这种逆反心理比较严重，具有这种经历的人一旦形成了思维定式，就容易对所有人产生敌意，甚至因此扭曲了世界观和人生观，产生严重的心理疾病。

欲扬先抑效应：把好话留到后面再说

欲扬先抑一般用在夸奖人的时候。比如，想要赞美一个人，可以先指出其不足之处，就像弹簧一样，越往下压，再松手的时候，反弹得越高。人们的心理状态在经历了一个低谷后反弹，所获得的惊喜感就更加强烈。因为巨大的落差使人对积极反馈拥有强烈的渴望。

中国有句老话，叫作“把丑话说在前头”，虽然和欲扬先抑不能等同，但却有异曲同工之妙。凡是把丑话说在前头的，后面不管有没有呈现良好的结果，人们的心理都会更加容易接受，彼此的关系也会更和睦。

小西在一家公司做行政，因为刚参加工作不久，工作经验不足，经常会闹出一些乌龙。因为公司规模不大，所以小西除了负责行政外，还会分担一些人事的基本工作。她有两个直属上司，分别是行政主管和人事主管。在谈起她的两个上司时，小西明显表现出不同的语气和态度。

行政主管给小西的感觉是严厉，对她工作中的不足之处，会直接指出来，让她感到一种无形的压力，因此她很害怕行政主管给她布置任务，因为总是会被挑刺。

比如，小西在完成一项工作后，行政主管会对她说："小西，虽然这项任务你按时完成了，但是还不够完美，细节方面还要再调整一下，下次注意了。"

而谈起人事主管，小西则看起来轻松许多，面带微笑。她说人事主管从来不骂她，都是不断鼓励。就算她有做得不好的地方，人事主管也会在指出问题后，再不断地给她加油，她听到后觉得充满了干劲。

比如，同样是完成一项工作，小西从人事主管那里得到的反馈是："小西，虽然这次你在一些细节方面做得还有欠缺，但是你挑战了自己，按时完成了，这便是进步。好好加油，下次争取更大的进步！"

因此，谈起未来的职业规划，小西表示，她想往人事管理的方向发展。

从案例中可以看出，内容相似的话，两个主管只是颠倒了语序，就产生了完全不同的效果。行政主管的话在小西听来，是不认可的意思，是负面的消息，让人忽略了前面的肯定，只记得后面被批评的部分，心情自然不好。

而人事主管的话在小西听来，是表扬和鼓励，是正面的激励。本来以为自己不被认可，可是转折之后的话，才是话语强调的内容。

因此，在使用欲扬先抑效应时，要分清主次，"抑"是为了"扬"得更高，放在后面的好话是强调的重点，也更容易给人好感。

以退为进，用对方的观点说服对方

"以退为进"是人际交往中不可缺少的技巧。很多时候，适度退让，是为了扭转不利局势，争取更加主动地出击，使事情朝着自己预期的目标发展。

在面对同样的事情时，不同的人会有不同的看法，而碍于自身的面子，人们往往很难立刻放弃自己的看法而去认同别人。如果双方互相不认同，正面冲突，自然不利于双方关系的和谐。这种时候，聪明的沟通方式就是以退为进，暂避锋芒，让对方放松警惕，进而迂回利用对方的观点，来说服对方，达到以退为进，以柔克刚的目的。

春秋时期，齐国上大夫晏子（名婴）以能言善辩闻名于世。一次，晏子被齐王派遣出使楚国。面对楚王的各种刁难，他非常注意分寸，以退为进，刚柔相济，留下了一段佳话。

当时楚王听到晏子出使楚国的消息后，召集了大臣们商议："听说晏婴是齐国最能言善辩的人，我要如何才能羞辱到他呢？"有个大臣贡献了一个计谋，说："晏婴来的时候，我绑一个齐国的窃贼来大王面前请示如何处置。"楚王听了，觉得此计甚妙。

果然，在楚王宴请晏子的席间，两个侍卫押着一个人上来了。

楚王假装不悦地问道："你们绑着的是什么人？"侍卫回答道："是齐国人，犯了偷窃罪。"楚王听完后，转头看向晏子，语带讥讽道："看来，齐国人善于偷窃呢？"

晏子不慌不忙地站了起来，朝楚王行了个礼，平静地说："我听说淮南的柑橘长得又大又甜，而将其栽种到淮北后，结的果实就又小又苦，不能入口，只能称为'枳'了。同样的品种，因为种植地域的不同，结出的果实却相去甚远，不就是因为水土不同的缘故吗？同样的道理，齐国人在齐国安居乐业，其乐融融，而到了楚国后，便犯了偷窃罪，莫非是楚国的水土养出的百姓都喜欢偷盗吗？"

楚王感到自讨没趣，又无法反驳，只好笑着说："不过是和圣人开个玩笑罢了。"

晏子在面对楚王的无礼时，没有恼羞成怒，反唇相讥，也没有去追究被绑者是否真的是齐国人，是否犯了偷窃罪，而是先认可了楚王的话，这便是"退"。但是，在楚王觉得自己已经羞辱到了对方，并开始得意扬扬的时候，晏子用了"以彼之道还施彼身"的法子。

晏子用"南橘北枳"的类比指出，齐国人之所以会出现偷窃行为，是由于在楚国这块土地上生出来的毛病。这将楚王想要施加在晏婴身上的羞辱全都反弹了回来，并且令楚王无力辩驳。这正是晏子的高明之处，它比任何的狡辩都有用。

最后，需要注意的是，以退为进是有技巧地退让，而不是一味地"退"。表面的退让，看似肯定了对方的观点，实则为自己争取了更多的空间，也为蓄力反击提供了更多的可能和机会。在利用对方观点的过程中，要站在对方的角度，循序渐进，既要获得对方认可，又要让对方无可辩驳，达到"进"的目的。

二选一效应：多给对方一个选择

二选一效应也叫二选一法则，是一种封闭式提问。具体来说，就是把人的选择限制在两个方案之中，让其选择其中一个。二选一法则在销售活动中比较常见，特别是那些经验丰富的零售人员，十分善于运用这一法则。

在实际的交流沟通中，不要问"你要不要？""你喜不喜欢？""你会不会买？”之类的，而是给出具体的选项，如“你要牛奶还是豆浆？”“你喜欢粉色还是黄色？”“你买长裙还是短裙？”等。对方在听到这样的选择时，会不自觉地被带入语境中，考虑的是该选哪一个，而忽略掉自己到底要不要或是喜不喜欢的问题。

有一家小面馆的生意一直很好，而开在它附近的其他餐厅，生意却差了许多。人们发现，凡是进了面馆的客人，很少有不满意而离开选择别家的。

为了揭开其中的奥秘，有一个做米饭套餐的李老板，决定亲自去感受一番。

他一进入面馆，服务员便迎了上来，询问他：“您好，今天打算吃卤面还是吃清汤面？”

李老板愣了一下，因为原本还没想好吃什么，不过服务员给出选择了，好像选一个也可以，于是顺着回道：“清汤面吧。”

于是，李老板在服务员的引导下就坐了。此时还未到饭点，店里的客人还不是太多，正好方便他仔细观察。

这时，服务员又问道：“清汤面加海鲜料还是加肉料？”

李老板随口答道：“海鲜料。”

不一会儿，服务员拿来了餐具，接着问道：“加煎蛋还是加卤蛋？”

“卤蛋。”李老板不假思索地回道，丝毫没觉得有什么不妥。

紧接着，海鲜清汤面被端了上来，服务员放下面的同时又问道：“小菜有凉拌木耳和老醋花生，您更喜欢哪个？”

李先生想着，木耳清爽，花生浓香，答道：“那就木耳吧。”

就这样，李先生心情愉快地吃完了这一顿面。直到结账回去，他都没有看出来这家面馆有什么不同。

他回到自己的店里，因为新来的服务员还不认识老板，便热情地迎了上来，问道："您好，想吃点什么？"

李老板瞬间恍然大悟，原来关键就在这里。

案例中李老板还没想好吃什么的时候，面馆的服务员就给他两个选择，将选择范围缩小了，他下意识地就选择了自己平时更喜欢的一种面，而不是面对着整页的菜单无从下手。

在整个服务过程中，服务员没有问李老板"要不要加海鲜？""要不要加蛋？""要不要小菜？"而是默认他全都要，直接让他二选一，而他似乎也很轻松地被这种思维带着走，高效地完成了用餐。

二选一法则也有一些要注意的小技巧。

1. 当对方的意图不明时，谨慎使用。

在无法猜测对方意图的时候，贸然使用二选一法则，会让对方感觉莫名其妙或是尴尬。

2. 一次只问一个问题，步步为营。

在提问时，要把握好问题的深度。在对方态度还不够明朗的时候，可以用一些简单的问题从侧面进行了解，有了一定的了解基础和熟悉度后，再深入提问，才不致引起对方的反感。

3. 将二选一法则和其他效应相结合。

因为实际情况的复杂性，灵活使用二选一法则显得格外重要。特别是语序和语气的改变，也会改变对方的理解，如将希望对方选择的选项放在后面："你是要我送你，还是自己坐车？"一般情况下，对方在听到这句话后，就会明白，你更希望他自己坐车回去，因此也会倾向于选择自己坐车。

第七章

CHAPTER 07

化解矛盾，让人际冲突化为无形

承认个性差异，不必强求意见一致

世界上没有两片完全相同的叶子，世界上同样也没有两个思维完全一样的人。每个人对同样的一件事都会有不同的看法，正所谓一千个读者心中有一千个哈姆雷特，一个人的看法很大程度上与他的个性有关。

个性是人在长期的社会活动中，受到所在环境影响形成的独特的性格特征，具体在个人身上表现为独特的行为模式、思维习惯等。

在人际关系中，个性差异的存在产生了人与人之间的思维碰撞，所以求同存异便是一种豁达的胸怀。因此，我们既要坚持自己的看法，也要尊重他人的意见，不必事事强求彼此意见一致。

某公司最近来了个总经理，顾总。新官上任，顾总很快展开了多项工作，其中一项是准备收购一家濒临破产的老牌企业。

但是在公司内部会议上，收购计划遭到了许多保守的老员工的反对。他们认为，公司目前虽然处于上升期间，需要扩张，但是资金也有限，要收购也要选好的项目，最好是能马上给公司带来效益的企业。而这家濒临破产的企业，非但不能马上带来效益，反而需要公司投入更多的资金来运营——而这对公司紧张的资金链来说，非常不利。

顾总在听取了所有股东的意见之后，权衡利弊，坚持收购计划，做出了一份详细的方案。顾总的专长便是风险投资，他是在做了大量的调研工作之后，才计划收购这家企业的。也正因为它濒临破产，所以才能以极低的价格购入。而且这家公司最大的问题不是产品的问题，也不是技术的问题，而是其内部机构臃肿、管理效率低下。顾总相信，只要换一套领导班子，精兵简政，提高效率，它很快便能成为总部扩张的一大助力。

最后，顾总单独说服了公司内最大的两个股东，从而使收购计划得以通过并实施。事实证明，这家企业被收购后很快就有了起色，顾总的眼光也确实独到。

但是到了年底发奖金的时候，那些当初反对收购的员工收到了不比其他人少的奖励。这让他们非常惊讶，毕竟在这件事情上，他们一度是不看好的。可是顾总却说，恰恰是他们的担忧和各种反对，让他更加谨慎地对待收购案，使方案更加完美，风险降到了更低。

正所谓“兼听则明，偏听则暗”，对于同样的事情，往往会有不同的声音，重要的不是让声音一致，而是在目标相同的情况下，各抒己见，求同存异。这样才能得到最好的结果，也能使人际关系更加融洽。

在实际生活中，遇到因个性差异导致意见不一致的时候，要做到的是以下几点。

1. 客观看待事实，认清自己的实力。

俗话说“金无足赤，人无完人”，在分析一件事的时候，自己的认知并不一定是正确的，对方的认知也不一定是错误的。要在客观事实的基础上，认清自己的实力和对方的实力，做到扬长避短。

2. 坚持己见，同时尊重他人。

坚持己见不难，难的是尊重他人的意见。尊重他人，就是尊重他人的优点和不足。只有综合了不同的声音，不同的思想，才能碰撞出新的智慧火花。就算对方的想法明显是不合理的，也要给予应有的尊重。

3. 求同存异，共同发展。

一旦做到了以上两点，那么求同存异便是顺理成章的事了。寻求共性，保持个性。交换各自不同的看法和意见，相互学习促进，达到双赢的目的。

进入“瞬时思维”，忘记现场的糟糕情况

“瞬时思维”就是指将注意力集中在当下，进入快速思考模式，减少“胡思乱想”，弱化与事件相关联的其他因素，从而迅速地得出结论或做出决策。

简单地说，瞬时思维就是将可供选择或参考的选项尽量排除，只剩下让人容易立即做出判断，并且感到不会产生什么不良后果的选项，从而达到集中精力解决问题的效果。

一部警匪片中有这样一个片段，一个小混混被警察抓获了。在接受审讯时，他表现得非常不配合，既不肯交代事实，又不肯说出同伙，让警察感到非常棘手。

这时进来一个女警，打算循循善诱。于是，女警和小混混拉起了家常，说道：“想想你的妻子和孩子，你忍心吗，不如坦白了，争取宽大处理。”本来十分平静的小混混一听，顿时哭着求警察放过他，说他真的什么都不知道。

警察们一筹莫展，只好跟上级打了报告，安排专门的审讯员来审。

审讯员对他说：“你无须顾虑其他，其实你的罪责很小，只要主动交代，大部分的责任都不会落在你身上，并且你很快就能回去跟家人团聚。”

在听到审讯员这么说后，小混混渐渐放下了戒备心。接着审讯员问了些简单的问题，如“知道这是犯罪吗？”“平时事情多不多？”等，很快小混混就被引导着说出了不少信息。

从案例中可以看出，当警察审问小混混时，干扰因素太多，甚至提到他的家人，事实上，这样反而分散了小混混的注意力，不能使其聚焦在当下的案件中，而是想起家里的种种艰难，再想到被捕后家人可能受牵连，因此更加抗拒坦白，甚至撒谎隐瞒。

而审讯员巧妙地利用了“瞬时思维”，通过打消小混混的戒备心，减少他的后顾之忧，让他将注意力专注在面前的事情上，然后再一步步地从简单的小事问起，不知不觉间，小混混的思维便被他牵着走，说出了重要的信息。

“瞬时思维”无论是在工作还是在日常生活中，都应用得非常广泛。要锻炼自己的“瞬时思维”能力，可以从以下几方面入手。

1. 绝对强势的地位。

在引导对方进入“瞬时思维”时，必须掌握主动权，让对方处于相对弱势的地位，才能发挥“瞬时思维”的作用。比如，群聊中的群主发言和全员禁言，群员也处于相对的弱势地位。

2. 语气和语速的控制。

带对方进入“瞬时思维”时，说话语气和语速都要控制。压低声音，放慢语速，让对方感觉到严肃的气氛，并且为了听清你的声音，竖起耳朵，高度集中注意力。

3. 获得对方信任，让对方放松戒备。

信任是一切沟通的基础，只有让对方信任，才能使其放松戒备，跟随你的思维进入“瞬时”状态。或者也可以通过言语上的强调，如“这件事与你关系不大，不要担心”等话语降低对方的防备心。

4. 循序渐进，切勿操之过急。

在将对方带入“瞬时思维”时，切记不可急切，应当一环扣一环，循序渐进。在不知不觉间让对方相信你，并且跟随你的思维。如果太急切，让对方察觉不对，那带来的便是反效果了。

双向沟通，消除隔阂与误解

双向沟通是与单向沟通相对而言的，指沟通的双方在信息的传递和接收过程中，做到及时聆听和反馈，双方共同获得明确且满意的结果。

沟通的重要性不言而喻，而在日常人际关系中，双向沟通更能促进人们良好的人际关系。因为双向沟通的优点是信息准确性高，反馈及时，沟通双方处于平等的位置，且共同参与，有助于双方感情的建立和发展。

因为双向沟通往往比较彻底，因此也不容易产生误会和隔阂，彼此不同的看法都能通过双向沟通得到充分理解。

有一家生产水龙头的工厂，一直以来订单稳定，生意不温不火。但是有一次，厂长突然接到了一笔大订单，这是一个老顾客发来的，因为合作了多年，十分认可这家工厂的质量，因此厂长难以拒绝。

然而问题在于工厂的生产计划早已安排了下去。现在更改计划，并且增加任务量，工人们将不得不加班加点才可以完成。因此，通知一出，受到了许多人的排斥，有的工人甚至在生产时故意磨洋工，以示抗议。

对此，厂长急得不得了，眼看着就要来不及交货了，却又说不动工人，只好去请示总经理。

总经理听完厂长的汇报后，第二天就把各流水线组长以上的员工召集起来开了个会。会上，总经理介绍了公司的现状：工厂多年来经营得不好不坏，导致现在只能吃老本，而且随着原材料和人工费用的增加，效益已经越来越差了。如果再这样下去，工厂恐怕过不了多久，就要面临关闭了。虽然这次客户订单加得有点急促，却也是雪中送炭——完成这个订单，我们才有机会赢来更大的订单。

员工代表都十分惊讶，自己原以为安稳的工作，竟然也是朝不保夕。他们在工厂舒适惯了，如果真的出现工厂倒闭，员工失业的情况，一时间还真是不能接受。因此大家纷纷表示理解厂里的决定，一定会认真努力，保质保量完成任务。

之后，总经理还引导大家认真想一想，怎样才能迅速地完成这批订单，又能合理安排休假。员工们七嘴八舌，提出了许多想法和建议。最后这批订单按时交付了。

在订单交付的那一刻，员工们都像是团结在一起打了一场胜仗一样，掩饰不住内心的喜悦之情。而在收到货款后，总经理也及时兑现了承诺，给每个人发了补贴。

从案例中可以看出，厂长下达的通知，属于典型的单向沟通。工人们不清楚工厂现状，仅仅看到这一份通知，自然产生了抵触的心理。而总经理却选择了双向沟通，重视工人们的情绪，并且将他们放到了对等沟通的位置上，平等交流，从而实现了互相理解，也消除了上下级间的隔阂——最终大家同心协力，取得了完美的结果。

因此，灵活运用沟通方式，才能保证上下同心，为了共同的目标而努力。那么要正确地双向沟通，应该注意什么呢？

1. 信息的及时告知与及时反馈。

沟通时，双方掌握的信息是相对孤立的，只有及时告知对方自己的想法，再从对方那里及时获取反馈意见，讨论的问题才能得到快速解决。

2. 尊重对方，沟通的双方地位始终平等。

针对不同性格的人，使用不同的沟通方法，但是所有的双向沟通都是建立在平等的基础上的。只有尊重对方，才能获得及时有效的反馈，没有平等与尊重就没有双向沟通。

3. 倾听是沟通的灵魂。

学会倾听对方的诉求，鼓励对方大胆说出困惑，从对方的言论里发现沟通的矛盾点，立即予以解决，达成沟通目的。

正视批评：不做过于敏感的“低自尊者”

“人非圣贤，孰能无过。”作为普通人，偶尔犯错不可避免。积极的人因为被批评激起强烈的自尊心，会不停鞭策磨砺自己，力求做到尽善尽美。

而消极的人则常常因为自信心不足，太过在意被批评的事实，无法正视别人给自己的客观评价，并且受消极自卑心态的影响，逐渐认为自己是个“没用的人”，陷入无尽的烦扰中，甚至因此导致了严重的心理疾病。这种明显消极自卑的人被心理学家称作“低自尊者”。

低自尊者心思敏感细腻，在人际交往中，常常带着防御性和攻击性。当面对别人的批评时，低自尊者往往会因为被批评而恼羞成怒，愤然反击。他们无法正视批评，很快就会因为批评而陷入“自我否定”的消极思维之中，形成恶性循环。

日本人原一平是个身高不过一米五的小个子男人，他非常善于推销。他的传奇故事广为流传，许多销售行业的人甚至将其奉为营销宝典。

其中一个故事就是，原一平经常组织人开“批评会”，批评的对象就是他自己。就算是在最贫困的时候，他也不会落下一月一次的“批评会”。据他所说，他需要人们为他指出自己看不到的缺点。他把这些宝贵的批评意见认认真真记录下来，时时反省，用以鞭策自己不断进步。

在最初的几次批评会中，他的同事、朋友和客户提出的批评都非常尖锐，甚至不乏一些人身攻击。但是原一平都笑着一一接纳了。他没有在批评声中沉沦，反而激起了改变的决心。后来，他不断改变自己，让自己成了越来越好的人，也成了越来越优秀的保险推销员。

最后，原一平凭借卓越的成绩成为美国百万圆桌会议的终身会员。

原一平用自己的行动证明，正视批评，接纳批评，始终以积极向上的心态面对自己的不足和缺点，成功只是迟早的事。

而那些本来与他一起成长的同事，因为受不了如此多的否定和批评，都渐渐地被他拉开了差距。

批评对于一个人来说其实是好事。正所谓“当局者迷，旁观者清”。高自尊者喜欢通过批评发现自己的不足，及时做出调整。他们将批评化为前进的动力，站得更高，看得更远。而低自尊者拒绝接受批评，甚至因此嫉恨批评者，并且觉得别人都是因为不喜欢自己，所以才会批评自己。不仅误解了他人，也否定了自己，非常不利于正常的人际交往。

批评其实并不如想象的那样难以接受，学会从现在开始，拒绝做一个低自尊者，敞开心扉，广纳善言，在受到批评时，可以采取下面的做法。

1. 客观认识自己，包括自己的优点和缺点。

不管是多么优秀的人，也不管是多么差劲的人，总会有自己的优点和缺点。

在不同人的眼里，优点和缺点也会发生变化。只有客观认识自己的优点和缺点，才能在受到批评时，冷静分析，做出积极的判断。

2. 客观看待他人的评价，只要不是明显恶意的批评，通常都有其道理。

每个人的思维方式、想法看法不同，因此每个人眼里的你的缺点也是不同的，站在对方立场上，只要是合理善意的批评，都应该认真接受。而那些恶意的伤人话语，无视就好。无须因为不真实的言论，破坏了自己的心情，影响了自己的行为。

3. 增强自己的信心，努力像高自尊者一样，接受并且利用批评。

努力学习高自尊者看待批评的方式，在高自尊者眼里，合理的批评是促其前进的动力，而非束缚脚步的绳索，接受批评才能不断进步，越来越优秀。

婉转拒绝，给予对方“心理补偿”

在人际关系中，我们经常会遇到被拒绝或是拒绝别人的时候。无论是因为什么原因，被拒绝总是会让人感到有些不愉快——在心理上表现为预想受挫，令人垂头丧气，情绪不佳，甚至因此影响了人际关系。

“己所不欲，勿施于人。”虽然做不到让别人不拒绝自己，但是至少可以做到在自己拒绝别人的时候，花一点小心思，既让对方明白用意，又能给对方一点心理上的安慰。

比如，拒绝后为了表示自己的诚意，可以为对方介绍其他可求助的人。这样做可以给对方一些心理上的补偿，缓解对方因被拒绝而产生的失望情绪，使彼此的关系不致受到影响。

刚到外贸公司上班的小张，被分配到主管莉莉手下。因为小张是新人，他在工作上的许多困惑，莉莉都耐心地帮忙解决了。一来二去，小张渐渐对莉莉产生了依赖。不仅在工作上，就是在日常的相处中，小张也时常朝着莉莉身边凑，不是问问题，便是趁机献殷勤。

在莉莉生日的那天，小张趁办公室没人的时候，将一个金项链放在了莉莉的桌子上。莉莉最近也感受到了小张的变化。但是于她而言，小张不过是个新员工，公司将其分到自己手下，自己也不过是尽一份责任而已。至于更多的私人感情，那是完全没有的。

而且据她所知，和小张一样新来不久的员工小英，对小张有点意思，两人看着还挺般配的。于是莉莉想了想，就笑着对小张说道："祝福我收到了，不过这么贵重的礼物我就不收了，不然我男朋友看到会吃醋的。"

小张一听，愣了一下，然后自嘲道："是我考虑不周了。"接着尽量装作自然地收回了礼物。

莉莉又说道："最近我比较忙，没时间带你，比你先来一个月的小英对工作已经很熟悉了，你们两个有什么问题可以多交流，能自己解决的就自己解决，不能解决的再一起来找我。"

小张听到莉莉这么说，就知道她的意思了，道着谢离开了。

委婉的拒绝方式就是既能不动声色地表达自己的拒绝理由，又让对方不那么尴尬，下不了台。案例中的莉莉没有说破小张的目的，也没有直接拒绝小张的好意，而是间接告诉小张，自己有男朋友了，所以不能接受他的礼物。小张便立即会意。两个人都避免了尴尬，日后相见至少还能做普通的同事。

因此，在拒绝对方的时候，应适当地阐述拒绝理由，并给对方指明方向。只要内心是坦诚的，一定能获得对方的理解。至于如何委婉拒绝，可以借鉴以下几个小方法。

1. 拒绝别人的求助时，最好提供有可能帮助对方的其他方式。

对于实在做不到，或是帮不上忙的，在拒绝对方时，试着为对方提供一些合理的建议，并且最好能提供有用的信息，以示诚意。

2. 拒绝别人的好意时，先表示感谢，再说明拒绝原因。

在遇到对方示好时，先表示感谢，再说明拒绝的原因。比如，对方送了一瓶名贵的酒，那可以说“上个月检查身体，自己不宜饮酒”，比直接拒绝来得委婉许多。

3. 面部表情管理要到位，拒绝时也要语气和缓，面带微笑。

对方在开口求助前，也是经过了心理挣扎的。如果我们冷冰冰地予以拒绝的话，对方必然感到十分难堪。因此，微笑能让对方感受到我们的友善，语气和缓能让对方感受到爱莫能助的关切。如此一来，即使拒绝了对方也不致留下太差的印象。

诚恳道歉，挽回对方的心

人们处在复杂的人际关系中，在家面对父母、爱人和孩子，在外面对同学、同事和朋友，总有说得或做得不周到的地方，有时甚至还会在无意中伤害到别人的感情。这时候，我们应当及时向对方真诚道歉，努力抚平对方受伤的心。

道歉不是口头上的走过场，毫无诚意的道歉不仅无法打动对方，取得对方的谅解，还可能让对方感到更加愤怒，造成无法挽回的局面。

道歉必须诚恳用心。道歉的时候，必须让对方真切感受到自己认错的决心，强调自己的言行给对方带来的伤害，将自己十分迫切地要弥补对方损失的心情通过言语及肢体语言表示出来，平复对方的怒火，挽回对方的心。

李磊供职于一家金融机构，从新入职时的菜鸟，到现在也积累了一点经验，慢慢开始有了一些业绩。不过这对李磊来说，还远远不够。最近，他已经跟了大半年的准客户，终于有了签单意向，于是他开始憧憬起美好的未来。可是就在约定签单的前一天，这单子黄了。

准确地说，不是黄了，而是被同事王烨签走了。干他这一行的都明白，谁最后签了单子，那便是谁的客户，提成也是谁拿，之前其他人不管做了多少工作，都沦为无用功。

但是行业内还有一条不成文的约定：只要是同事在跟进的客户，一般出于职业道德，其他同事是不能抢单的，而王烨的行为自然是触怒了李磊。

王烨作为新人，对此却是一无所知，而他能签下李磊的客户，也纯属偶然。在约定签单的前一天，客户刚好到李磊公司附近办事，就拐到李磊公司，想着顺道把手续办了。结果那天刚好李磊不在公司，而新人王烨接待了他。

听到客户有签约意向，不明就里的王烨非常兴奋，赶紧张罗了起来，和客户签了合约。刚来一个月，就签了个大单，拿到十几万元的提成，这确实让人兴奋。这件事在当天就被李磊发现了，暴怒之下的他甚至声称要王烨好看。

王烨经过同事指点后，才知道自己这件事做得实在不地道，不仅让李磊之前的努力付诸东流，也违背了职业道德。

王烨害怕起冲突，不敢直接找李磊，便让同事代他向李磊道歉，并且保证提成发下来后，肯定一分不少地转还给李磊。李磊虽然消了点气，但还是没有原谅王烨。毕竟在他看来除了提成外，还有业绩排名、大客户奖励等，一系列的后续奖励，都将属于王烨，他却只能憋屈地看着王烨风光无限。

王烨也跟上级说明了情况，深刻认识到自己的错误，并且表示所有应得的奖金和荣誉都会归还给李磊，还当着全体员工的面，向李磊道了歉，说以后会将自己的客户推荐给李磊签单。

因为王烨的诚恳道歉，李磊最终原谅了王烨，两个人因为这件事交了心，最后成了好朋友，相携进步。

此事对王烨来讲，也算是无心之过，主要是因为他是新人，对行业规则认识不够而犯下了错误。但毕竟是犯了错误，他为了能得到李磊的原谅，表现出了极大的诚意，不仅在言语上，还在行为上也尽量弥补了李磊的损失，最后因此获得了一个好朋友，达到了皆大欢喜的目的。

因此，学会真诚道歉，不仅能挽回人际关系，更能在对方心里播下善良的种子，让彼此的关系更加友好和亲密。掌握诚恳道歉的秘诀，能让人际关系更上一层楼。

1. 道歉时针对具体的事情，深刻反思，勇于承担。

针对问题，分析问题，解决问题。道歉时有一说一，清楚自己错在哪里，针对错事进行道歉，而非试图进行狡辩或是利用其他方式来逃脱对方的指责。只有勇于认错、勇于承担的人才能得到对方的真心原谅。

2. 态度端正，用词准确。

道歉时要展示自己的诚意，就事论事，多余的言辞修饰或是体态不端，都会给人一种虚伪的感觉。更不能居高临下，表现出目中无人的态度，显得极不情愿。

3. 自己不方便出面时，委托别人转达歉意，表明诚心。

像案例中的王烨，一开始他不方便自己出面，就先找同事代他转达歉意，等李磊的气消了些，再当着大家的面向他道歉，充分表达了自己的悔过之心，得到了李磊的谅解。除了找人帮忙外，还可以通过寄送小礼物或是手写道歉信等方式，来达到道歉的目的。

4. 立即改正错误，让对方发泄怒气。

在保证自己人身安全的情况下，应该接受对方的怒气和怨气。如果对方不将事情说开，不将心中的憋屈说出来，就算表面原谅了，也会在心底抑郁许久，难以释怀。

遇到不能立即改正的错误，要诚恳地向对方承诺以后改正错误，等到时机成熟，立即兑现诺言。实际行动才是最有说服力的道歉。

模糊哲学：给自己留下回旋的余地

模糊哲学就是指处理事情时界限不十分明确，进一步可以，退一步也可以，没有明确界限对不对或可不可以。

比如，在中国菜的食谱中，经常出现的“少许”“适量”等用词，充分体现了模糊哲学在生活中的应用。因为，调料具体的用量往往由每个人的口味决定，如果强行规定了用量，反而不能适合每一个人。

不管是在生活中还是工作中，模糊哲学都有广泛的应用。善于运用模糊哲学的人，在与他人交谈或接触时，从不会把话说死，常常留一点回旋空间——当预想的结果不能达成时，还可以退一步，换一种说法或者换一个目的，不至于导致双方的关系僵化。

李海多年前跟朋友一起合开了一家代工鞋厂，刚开始生意还不错，这几年随着竞争压力增大，鞋厂的效益也差了许多。

这天，他刚到办公室，就接到了生产经理的汇报，说是因为材料供应商内部出现问题，材料供应不及时，可能会导致工厂因为材料短缺，不得不停工两天。

李海听到后，大为光火。这家材料供应商最近内部管理混乱，时不时出点差错，已经不是第一次发生这种问题了，这直接导致了李海的交货日期变得紧张。再停工，鞋厂很可能无法及时将成品生产出来交给客户了，那损失可不是一点两点。再说了，现在生意难做，这客户也是好不容易争取来的，如果无法按期交货，那后续的合作就很难说了。

李海马上打开电脑，草拟了一份声明，写道："若不能在规定时间内及时供货，那便按合同规定，直接走理赔程序！"

写完后，李海又犹豫了一会儿，最后删掉了这一行字，重新写了一份声明：

"虽然贵厂并非有意拖延供货，但如果再次断货，将会影响到我厂的交货日期，到时候产生的损失不可估量，而贵厂也必定难辞其咎。为了继续和贵厂保持稳定积极的合作关系，希望贵厂优先考虑解决我厂的材料供应问题。"

待文件发过去后，很快，材料供应商的老板便立即回复，真诚地道歉，并表示立即安排供货。

李海解决了事情后，想起自己拟的第一份声明，突然有些庆幸，如果在盛怒之下，把话说死，那可能问题解决得就不会这么顺利了。

案例中，相对于第一份声明，显然第二份声明更为高明，其中既指明了后果需要双方共同承担，又缓和了语气，让对方选择了更为稳妥的解决办法，这便是模糊哲学。步步紧逼容易使关系破裂，留有余地则迎来了皆大欢喜。

凡事适可而止，在占理的时候，给对方留些空间，不要得理不饶人，"赶尽杀绝"。毕竟风水轮流转，也许这一次是对方有求于自己，而下一次就轮到自己有求于对方了。凡事留一线，也是为自己留一个回旋的余地。

说谎原理：合乎情理的谎言比真相更能打动人

说谎本质上是一种心理上的自我保护，当人们不愿意将自己的真实想法表露出来的时候，便会用说谎的方式来委婉表达。比如，看望一个生病的老人，不论对方是否严重，都会宽慰他“很快就会康复，不要有心理负担”等。这种话语既是善意的，也是合乎情理的，而且是让人感到愉悦的。

人们说谎的动机常常来自一种保护意识，如工作中加班，领导问辛苦不辛苦，只能回答不辛苦，这是为了得到领导的认可，避免领导不满；又或者在生活中，遇到失恋的朋友，为了安慰对方而去贬低另一方，是对朋友的保护。

雨果的名著《悲惨世界》里的主人公冉·阿让迫于生计，偷了一个面包，结果被当场抓获，锒铛入狱。

在获得假释出狱后，冉·阿让因为找不到工作，自甘堕落，再次干起了偷鸡摸狗的勾当，幸有一个好心的神父收留了他，将他安置在教堂里。可是他却趁神父不注意，偷走了教堂的银器。

这样，冉·阿让又一次因人赃并获，被警察抓住了。警察将他带回教堂，让神父辨认赃物是否为教堂的失窃物品。就在冉·阿让悔恨不已，觉得自己这辈子肯定就要在监狱中度过了的时候，善良的神父却温和地对警察说这些银器是自己送给冉·阿让的，并且还有一对烛台他忘了带走。于是，他将烛台也拿了过来，递给了冉·阿让。

冉·阿让被神父的一番说辞所感化，从此改邪归正，弃恶从善。他化名马德兰，从一个小商人做起，成了大富翁后，回馈社会，救助孤寡穷人，得到了

大家的爱戴，最后当上了市长。

小说中的神父是一个宽厚仁爱的人，可是他却对警察撒了谎，而他撒谎的目的，是保护冉·阿让。也正因为他这样善良的举动，使得冉·阿让被感化了。一句善意的谎言将一个几乎被社会遗弃的边缘人拉了回来，正是这种力量，才成就了冉·阿让的未来。

可见，谎言也分不同类型，不怀好意的谎言让人唾弃，合乎情理的谎言可以救人于水火。总的来说，合乎情理的谎言应当包括以下三种。

1. 出于美好愿望的谎言。

有时候，一句违心的赞美就会让人焕发生机，一句美好的想象也能给人坚强活下去的希望。美好的愿望是人们生活的动力，就像一片永不凋落的绿叶能够给垂危的病人带来生命的希望。

2. 基于善意的谎言。

善意的隐瞒或是善意的说谎是为了让自己或他人过得更好。比如，一个身体不适的人，强忍着辛苦笑着对亲人说自己很好；又或者妻子得了不治之症，丈夫为了不让她担心，而善意隐瞒，不让她忧愁。这种善意的谎言给人抚慰，让人相信事情并不如所想象的那样糟糕，被隐瞒的人也会因此愉快度过每一天。

3. 人际交往中含蓄委婉的拒绝。

合情合理的谎言是一种圆融的处世方式，是人际关系的润滑剂。人际交往中，经常会碰到邀约或者被求助等事情，想拒绝又不想让对方失望时，人们常常会寻一个理由，好让对方感到合情合理，甚至觉得理应如此，以免因此影响了双方的关系。

学会示弱，消除别人的不满和忌妒

“木秀于林，风必摧之。”日常生活中，人们往往习惯展示自己的优秀和强项，以此吸引众人的目光，获得心理上的满足，但有时也会因此招致别人的不满和忌妒。

适当示弱，是一种包容的智慧，也是以退为进的处理人际关系的方法。示弱就是忽略或隐藏自己高于人的地方，而突出自己不如人的地方。比如地位高的人向地位低的人示弱，显示自己在生活方面的平庸，是富有亲和力的表现。同领域能力突出者向能力平庸者示弱，显示自己在其他方面并不如对方，不仅更加受人尊重，也会因为示弱而显得更加接地气。

张琳是中文系的，毕业后考了公务员，进了一家事业单位上班。虽然做的是普通的文职工作，与文字没有关系，但因为专业的原因，她的心里始终怀揣着一个写作的梦。

张琳便利用下班和周末的时间，兼职写作投稿，偶尔也会有文章得到发表。每当稿费单子寄来时，都是张琳最快乐的时候。

同办公室的其他同事见得多了，便有些眼红忌妒。更有的人向上级打小报告，说张琳利用工作之便写文章投稿，影响了工作。

因此，张琳被领导叫去谈话，她感到非常委屈。其实领导也知道张琳平时的工作都完成得很好，写文章也根本没有影响到工作，但是架不住同事们不满，他也很难做。因此，领导顺便给张琳支了个招。

后来，张琳每次被退稿，都表现出很明显的沮丧，并且让身边的同事知道，自己又被退稿了，写得很不顺利，不想写了。而且将稿费单的地址改成了家庭地址，同事们没有见到她的稿费单，自然认为她的写作遇到了难题，就不再告她的状了，甚至有的同事还表示了关心和安慰。

同情弱者是人的天性。案例中的领导就是洞悉了这一心理，给张琳支了示弱的招，果然取得了效果。张琳示弱后，紧张的同事关系便缓和下来，甚至得到了同事的关心和安慰。因此，适当地示弱，或者表现出自己的艰难和烦恼，反而能改善人际关系。

示弱的方式方法有许多种，因地制宜，因人而异，可以是私底下推心置腹，也可以是大庭广众下发表言论。总而言之，示弱时，可以根据自己的实际情况，注意以下几点。

1. 不仅在口头上，更在行为上。

示弱应言行一致。单凭言语上的示弱很多时候不能服人，或者让人产生怀疑，而在行为上也表现出弱势群体的特征时，更容易让人产生信任感。比如，在无意间露怯，让身边的人得到心理上的平衡，从而减少不满和忌妒。

2. 自嘲或自黑都是示弱的方式。

自嘲和自黑是非常巧妙的示弱方式，看似高高在上，通过自我调侃，自暴弱点与糗事，往往能瞬间拉近彼此间的距离。让人看到一个优秀的人平凡的一面，双方的沟壑也会瞬间变得模糊。人际关系好的人，都是善于自我调侃和自嘲的。

3. 示弱不是妥协。

示弱不是软弱，也不是妥协，而是一种理智的谦让。勇于示弱的人，恰恰是因为本身怀有极大的自信。适当示弱，是为了更好地进步。

忌讳效应：避免碰触他人的“心理禁地”

忌讳效应是指因文化背景、风俗习惯或是某些特定的个人原因等，对某些言行举动或事件有所忌讳。在日常的人际交往中，忌讳一般是指对方比较敏感的、不愿被提及的隐私或禁忌。比如英国人不喜欢“13”这个数字，日本人不喜欢狐狸，等等。

中国很早就有“避讳”的说法。在古代，皇帝的名字不能提，地位低的人对地位高的人的名字不能随意提及，还有父母的名字也是子女要避忌的，不可随意书写。

俗话说，知道别人不喜欢什么比知道别人喜欢什么更重要。如果不小心触碰到对方的忌讳，那么要想修复这段关系就很困难了。因此，要做到事先了解对方的“心理禁地”，避免那些会令对方反感的言语和行为，才能有效维持和谐的人际关系。

一家做装修设计的小公司，成立没多久就接到了不少的订单。在装修业竞争如此激烈的情况下，新公司一没老客户引荐，二没积攒客户资源，这家公司的老板王总的接单频率让人感到非常羡慕。

原来，在其他公司致力于给客户提供一个又一个精美的设计方案的时候，王总却另辟蹊径，去深挖客户的背景，然后再找机会和客户进行一次深谈，用王总的话说是“了解客户的居住理念”。

比如，有一个大老板，要重新装修办公室。王总通过调查得知，这个客户早年的时候因为金融相关的案件，被拘留过一阵子。风波平息后，他从头做起，也吃过不少苦，才有了今天的成就。

而那件事也成了大老板心里的忌讳。因此，王总在和大老板聊天的时候，绝口不提当年的事以及和金融相关的话题，只从他白手起家谈起。

大老板打开了话匣子，谈着谈着也感觉到王总有意在避开自己的雷区，心里就觉得温暖极了，也很感激。毕竟虽然他有了今天的成就，可是当年的那段过往还会不时被人提及。

因此，在王总的有意引导下，一场愉快的谈话让大老板觉得非常舒服，在认可王总这个人的情况下，大老板毫不犹豫地把单子给了王总。在大老板看来，一个懂他的人，必然能设计出他想要的办公室的样子。

因为王总的每一句话都巧妙避开了大老板的忌讳，因此能在毫无优势的情况下击败无数的竞争对手，轻松拿到大老板的单子，可谓“攻心为上”。

在人际关系中，运用忌讳效应的时候，也要注意一些特定的细节。

1. 察言观色，不说刺激对方的话。

在了解对方的特殊情况前，说话要谨慎。比如，对方刚失恋或是离婚，那么就不应在对方面前过分强调自己的幸福生活、爱人的完美等。最好能在交谈前及时了解对方的现状，做到有的放矢。

2. 少说多听，以听为主。

面对一个自己不了解的人，最好的办法就是先闭上自己的嘴，多听对方说。可以从对方的各种描述中判断其为人性格等。由对方引导话题，那么就很容易避开禁忌区域，不会遭到对方的反感。

平衡法则：始终保持心理位势的对等

平衡法则，是指人们在从事社会活动时，感到自己的付出能得到别人的认可，并且能获得相应的报酬或尊重。万一没有得到相应的报酬或尊重，或是被其他人抢了风头，便会觉得心理失衡，产生郁结的情绪。

心理学家也指出，人与人之间的正常交往是建立在平等交换的基础上的，不管是物质上的还是精神上的，甚至是心理状态上的，本质上都遵循一种交换的原则。

因此，在复杂的人际关系中，在自身保持心理平衡的同时，还要注意对方的心理位势。比如，在接受了对方的一次帮助后，也要想办法回馈对方一次，以保持对方付出后有所获的平衡，这样两个人的关系才会长久。

小陈考上南方的一所大学时，刚开始并不知道自己是这一届学生中的最高分，也跟同学们非常要好。但是有一次，小陈偶然在辅导员的文件资料里看到了自己的成绩排名，惊喜之余，便产生了一种优越感。同学们很快就发现了小陈的趾高气扬，也知道了她态度转变的原因，渐渐地，同学们都开始不喜欢她，也孤立了她。

被孤立后的小陈，大学生活过得极其苦闷，在第一学期期末考试的时候，因为情绪不佳，考试成绩并不理想，甚至落到了系里的中等水平。这时候小陈才清醒地认识到，身边的同学并不比自己差，可笑的是自己却总是以高人一等的姿态自居，使同学都疏远了自己。

从此以后，小陈的心理也平衡了不少，恢复了随和的心态，和同学的关系也慢慢地好了起来。

可见，心理失衡在一定程度上会引起性格上的转变。案例中的小陈如果没有认识到自己因为心理上的优势，导致了同学们的心理失衡，那恐怕只能孤独地过完大学生涯了。幸好，她很快清醒了过来。

没有人是一直强势，或是一直优秀的。人们需要客观地认识自己和他人，高估自己低估对方，以及低估自己高估对方，都会产生失衡，从而影响人际关系。因此在运用平衡法则时，可从以下几方面判断是否有偏差。

1. 正确评价自己，客观认识他人。

正确评价自己，客观认识他人，是保持心理平衡的重要一步。只有认识到自己的长处和短处，也认识到山外有山，人外有人，才能做到不骄不躁，不心虚不气馁，以一颗平常心对人。

2. 互相学习，互相弥补，互相协助。

朋友间可以通过互相学习，共同进步。而对手间，更可以从对方身上看到自己的优缺点，取长补短，总结经验教训，和对手一起成长。

3. 适当的“阿Q精神”。

人都会有遇到挫折或逆境的时候，在挫折中适当运用“阿Q精神”，有助于补偿自己的不平衡心态。比如，“事情已经如此糟糕了，但幸好没有更糟糕”等自我安慰，不仅能让人从失衡中迅速走出来，也能让人正视自己的错误，争取下一次的进步和成功。

4. 检视自己的个性。

容易心理失衡的人，通常都会有一些不良的心理因素，如多疑、自卑等。应该敞开怀抱，提高心理素质，做到心胸开阔，看淡得失。

第八章

CHAPTER 08

升华人际关系，确保长期友好往来

给予尊重，满足对方的心理需求

尊重别人，是人们需要注意的基本礼貌之一，是在人生任何阶段都不可或缺的一种品质。爱人者，人恒爱之。懂得尊重他人，是一份勇气，一份智慧，一份自信。

一个人若不懂得尊重他人，自然也得不到他人的尊重。尊重能拉近双方的距离，是打开对方内心世界的敲门砖。可能很多人觉得自己的生活是靠自己奋斗出来的，无须他人左右，这样想的人习惯独来独往，将会在生活和工作中面临更多的困难。给予尊重，就是给予自己一个机会。而如何给予尊重，却是一门不得不研究的学问。

任冰是一所重点大学的研究生。毕业后，他没有选择在大城市奋斗，因为家里年迈的母亲病痛缠身，父亲因常年劳累，腿脚受伤，行动不便，为了方便照顾他们，他选择离家近的县城，入职了一家小公司。这家公司的规模只有50人，他负责公司的行政工作，每天都为一些鸡毛蒜皮的事情跟各部门扯来扯去，不仅没有得到其他部门的支持和认可，而且让自己感到无聊透顶。

有一天晚上，公司总经理刚好路过，看他一脸愁容、眉头紧锁，关切地问道："是什么事情让你这么忧愁？"任冰抬头一看是总经理，赶紧站起来答道："我不明白自己工作的意义在哪里，我寒窗苦读就是为了来做这些琐碎的事情吗？"

总经理笑了笑，留下一句话，他说："我们都在为这个公司贡献自己的一份力量，工作不分贵贱，你我只是分工不同而已。"

任冰惊呆了，他从没想过自己和总经理可以相提并论，这句话彻底改变了他的看法。从此以后，他开始积极对待自己的工作。一年后，他凭借突出的业绩被提拔为总经理助理。来到新的岗位，他充满感激地对总经理说："谢谢您的鼓励和尊重，在那之前我不知道自己原来可以做得更好。"

没想到总经理一句鼓励的话，竟能使一个沮丧的人重燃斗志，重拾信心，让他看到自己的价值，积极投入工作。可见，满足对方的心理需求，便能让对方感受到尊重。尊重不是盲目的吹捧，也不是不着边际的安慰，它像寒冬里的一团火，像冬日里的一缕阳光，能带给人温暖。如何做到尊重他人，可以参照以下两个方式。

1. 了解对方的真实需求。

与人交往前，应先了解对方的真实需求。可以从职业、生活环境、生活习惯、兴趣爱好等角度入手，从细节观察，多看多听。比如，不随地扔垃圾就是对环卫工人的尊重，回家时对保安点头微笑就是对他的尊重。

2. 语言朴实无华，态度真诚，场合合适。

人在认可一件事情或鼓励对方时，会不自觉地想彰显自己的口才，觉得加入些华丽辞藻，甚至一两个英文单词，能显出自己学识丰富、高人一等。而这往往会让人感到浮夸、缺乏真诚，不如接地气的话更能表达出尊重的含义。

比如，下属帮忙买咖啡，一声"谢谢"不轻不重，恰到好处，是尊重；和老人交谈时，放慢语速，称呼得当，是尊重；与人约会时，守时且衣着得体，也是一种尊重。尊重体现在与人交往的各个方面。

理解他人，提升自己的“社会知觉”

在日常交往中，每个人受限于自己的生活经历，看待事物的角度和想法都不尽相同。理解是共情能力的一种体现，是一种心灵的契合。做不到海纳百川，至少要做到“己所不欲，勿施于人”的善良。

每个人因为立场不同，所做出的行为也各有各的道理。理解就是要站在对方立场上，把握对方的需求与感受，做出符合对方心理的预测。

5 年前的夏天，晓丽带着 3 岁的女儿去游乐场游玩。孩子玩得不亦乐乎，不知不觉就到了中午。夏日炎炎，晓丽担心孩子会中暑，就准备带孩子回酒店休息，但孩子依依不舍，不肯离开。晓丽看到远处有一个卖冰棒的摊位，就和孩子商量，如果现在走，就买冰棒给她吃。

孩子哪受得了这个诱惑，就爽快地答应了。到了摊位前，要准备付款的时候，晓丽发现自己包里只有百元的钞票，而冰棒只要 3 块钱，摊位上赫然写着“不找零，请自备零钱”。这下愁坏晓丽了，看着孩子期待的目光，晓丽用略带抱歉的语气对小贩说道：“老板，不好意思，我出门没带零钱，我和孩子说好了只要现在回家，就给她买冰棒吃。不然这么热的天气，小孩子继续玩下去可能要中暑。您给我找零，我可以多出两块钱。”老板看着这对母女，委屈地说：“因为很多人都把我这个摊位当作换零钱的地方，影响了我做生意，我才出此下策。看得出来，你们不是故意来找零的，我可以卖你冰棒，也不多要你的钱。”晓丽听了这番话，很感动，虽然话不多，事很小，却解决了一个棘手的问题，母女俩都心满意足地离开了。

这个故事告诉我们，凡事要互相理解，互相支持，如果晓丽不了解摊位老板不找零的初衷，就指责吵闹，或是老板不理解一个母亲的心情，一味坚持自己的原则拒绝找零，那么事情也许就不会这么轻易地解决了。

理解他人，也是善待自己，不要总想着说服他人，而应包容对方的思想和行为，这样才能收获更多。

那如何才能做到互相理解呢？主要有以下三个途径。

1. 善于观察。

理解的前提是在看到对方的行为时，能够想到每个人都是不同的个体，都有不一样的行为、喜好等。明白对方此刻的行为代表什么意思，才能找准理解的方向。善于观察不是单纯地看，而是在观察的过程中融入自己的思考，揣摩行为背后的原因。

2. 多与人交流。

观察到的信息不够时，需要跟对方多交流沟通以进一步理解对方。通过交流，我们不仅可以获取更多的信息，还可以拉近彼此的距离，了解对方的思想，做出正确的判断。

3. 换位思考。

多交流固然是好事，但要运用合适的交流方式，要善于换位思考，否则可能会事与愿违。人在对外阐述自己的想法或者做法时，都会不自觉地往利我方向引导，这是人性使然。首先要承认这种情形的存在，其次要站在对方的角度去看待事情，多问问自己，如果自己碰到这个事情，会怎么想、怎么做。经过一番比较，对方的行为也许就变得可以理解了。只有不断反思才会产生有效的交流。

真诚原则：展现诚意，收获对方信任

真诚，是人与人交往之中最重要的一种品格，也是人最容易传达的一种态度。它不需要多么高的学术造诣，不需要花多少心思去学习养成，也不需要付出多大代价去获取。

真诚不是赔笑、阿谀奉承，真诚是刻在心里，不是写在脸上。生活中，人们都想和真诚的人交往。真诚是架起双方信任的桥梁，是双方能愉快交流的基础。真诚是一种态度，更是人心灵的升华。诚恳地交往，坦率地表达自己的观点，用心帮助身边的人，才能获得他人的信任。

一个中学生因上学快迟到了，将自行车骑得飞快，在停车时，不小心剐到了停在路边的一辆豪车。一开始他很紧张，并且四下张望，但是没有看到车主出现。

因为上课的时间紧迫，他不得不走了，临走时，他拿出了纸笔，写下了纸条："对不起，我赶着上学，不小心剐了您的车门。我是前面××附中二年级学生××。您若看到这张纸条，请跟我联系，我一定会负责的。下面是我的联系方式。"

车主回来时，一眼就看到了夹在门边的纸条，再去看被剐的位置，顿时心疼不已。可是他却生不起气来。一个十来岁的孩子不小心剐了车门，却留下了这么一张纸条，这种诚意，真是令大人都自愧不如。

他想了想，把纸条揉成一团，扔掉了。虽然这个剐蹭可能要花掉他几百甚至上千元的维修费用，但是在他心里，孩子的这份真诚让他感动不已。为此他

心甘情愿自己破费，也要守住孩子的一片真诚。

如果不是中学生一番真诚的道歉和负责任的态度，车主必定不会如此轻松地熄灭怒火，原谅其无心之过。可见，真诚的人，必定会得到他人的谅解和信任。

卡耐基认为：输出真诚就如同输出微笑一般简单，如果你做了，你很快就能相信自己，而后由衷的真诚感觉将随之而至。人生就是一段旅程，一场与命运的博弈，无论经历多少风雨，请保留心里最柔软的地方，保持那份真诚，真诚对待身边每一个人。

要成为一个真诚的人，一个有诚意的人，一个值得别人信任的人，可以从以下三个方面入手。

1. 表里如一。

表里不一的人，会让人感到虚伪，进而让人敬而远之。所以与人交往最简单的方式就是从心出发，表达真实的想法，用真诚获得对方的认可。

2. 留有余地。

虽然表达的时候要态度真诚，但这并不意味着毫无保留，不顾对方感受地掏心掏肺。凡事有度，过犹不及。过度的自我暴露，容易适得其反，给别人带来压力。任何情感的输出都需要合适的方式，表达要适可而止，否则容易本末倒置。

3. 言而有信。

在社交中，有一句话经常能听到："下次有空我请你吃饭。"对许多人来说，这不过是一句客套话，不会当真。但是在真诚的人身上，这些话可不是随便说说的。不轻易许诺，一旦许诺，就要守信。

宽容：为心灵留下舒缓的空间

宽容是美德，是一种非凡的气度，是一种以柔克刚的智慧。宽容的人，能包容他人的棱角，能包容他人的傲慢无礼和误解。而处处计较的人，只会让自己长时间处在精神紧张的氛围中，对身边的事情充满敌意，生活充满了黑暗。

宽容不仅包含着理解和尊重，更需要一份胸襟和释然。雨果说过："世界上最宽阔的是海洋，比海洋还宽阔的是天空，比天空更宽阔的是人的胸怀。"

生活中，对朋友宽容，就是要包容对方的缺点；对伴侣宽容，就是要化解生活中柴米油盐的矛盾，体谅对方，并包容对方的小脾气；对同事宽容，就是要从大局出发，考虑到各自的立场，包容对方的观点，才能事半功倍。

战国时期，赵国的蔺相如完璧归赵，赵王封他为上卿，以示奖赏，位高于大将军廉颇。

廉颇久经沙场，自恃功高，觉得蔺相如只会耍嘴皮子，哪里比得上他的赫赫战功，对他很不服气，甚至扬言要找机会羞辱他。这话传到蔺相如耳中，他则选择避其锋芒，称病不上朝，免得引起朝廷内不安。

有一次蔺相如坐车外出，廉颇迎面而来，蔺相如赶紧避开。门客们都愤愤不平，认为他胆小怕事，但蔺相如却说："秦王那么厉害，我都不怕，难道还怕廉颇？强大的秦国之所以不入侵赵国，就是因为忌惮我们二人。如果我们两个内斗，必然对赵国不利，就给了他国乘虚而入的机会。所以我躲避廉将军，是先国家而后私仇啊！"这话传到廉颇耳中，廉颇顿觉惭愧无比，便袒露上身，到蔺相如门上负荆请罪。于是二人重归于好，成了生死之交。

俗话说："宰相肚里能撑船。"蔺相如如果不能包容廉颇的傲慢无礼，而是与之针锋相对的话，那赵国的命运可能就要改写。而同时，廉颇也能及时醒悟，负荆请罪，可见他的光明磊落。

宽容是一种高尚的品格，是双方能保持长期交往的润滑剂。我们不仅要大方地承认对方的优点，更要包容对方的缺点。宽容看似吃亏，实则是双赢；宽容的人，会得到大家的拥戴和更多的资源。反观小肚鸡肠的人，只会在自己狭隘的世界里原地打转，束缚他成长的不是别人，正是他自己。请用一颗宽容的心对待他人，对待生命。

宽容不分地域，不分年龄，但要分人，不是所有的人都值得宽容。比如作奸犯科、触犯法律的人就不能宽容对待，否则，就是对违法犯罪的纵容。可见，包容也需要有辨别是非的能力。

平等原则：交往中人格是平等的

毕淑敏说过："没有什么人承诺和担保你一生下来就享有阳光灿烂的平等。你去看看动物界，就知道平等是多么罕见了。"平等是人类智慧的产物，是维持最大多数人安宁的策略。

平等无关乎年龄、身份、地位、智慧、种族，这是一种人对内在价值的诉求，是人们应具有的在人格上的尊重。

傍晚时分，一辆公交车开往终点站，司机也准备交班。在倒数第二站上来一个捡破烂儿的老奶奶，她捡了一天的瓶瓶罐罐，全身上下都是各种水渍，还有一些奇怪的味道，笑起来的时候，皱纹里夹杂着灰尘。她知道自己身上不干净，也不好意思往人群中凑，就排在队伍最后上车。上来后她对车上的人频频点头微笑，像是跟大家道歉自己的个人卫生影响了大家的乘车环境。有的乘客回应了微笑，有的就侧身避开了。

这时，老奶奶看到车子最角落有一个空位子，疲惫不堪的她便走了过去，打算坐下。旁边穿着时髦的年轻女子立即捏起了鼻子，把手边的拉杆箱放到座位上，说道："这个位子有人坐了，你去别处吧，实在太臭了。"并不耐烦地挥手让老奶奶离开。

老奶奶用带有乞求的语气说道："我刚刚看这里还是空着呢，我就坐一站，腿实在是太酸了……"

年轻女子听后无动于衷，把脸扭向窗外，装作没听见。这时，车里的乘客议论纷纷，多数是指责这个年轻女子不礼貌、没素质，但谁也没有站出来说一句话。这时，司机听到后面很嘈杂，以为发生了什么事情，就把车靠边。了解完事情后，他二话不说，直接把拉杆箱放到地上，并扶老奶奶坐下，还扔下一句话："车上的座位任何人都可以坐，但箱子不行，谁要是不喜欢坐着，那可以站着，也可以下车。"顿时，车内响起雷鸣般的掌声，老奶奶眼里泛着泪花。

这个司机的做法值得我们每个人学习，以平等的态度对待他人，不以人的外表区分尊卑。老奶奶靠自己的双手创造价值，也和大家一样付费乘车，不应受到差别对待，这个司机给全车的人都上了一堂道德课。

《简·爱》这本书里关于"平等"的一段话，讲得非常深刻："你以为，就因为我贫穷，低微，不美，矮小，我就既没有灵魂，也没有心吗？——你想错了！我跟你一样有灵魂，——也完全一样有一颗心！要是上帝曾赋予我一点美貌、大量财富的话，我也会让你难以离开我，就像我现在难以离开你一样。我现在不是凭习俗、常规，甚至也不是凭着血肉之躯跟你说话，——这是我的心灵在跟你的心灵说话，就仿佛我们都已经离开了人世，两人一同站立在上帝的跟前，彼此平等，——就像我们本来就是的那样！”

平等是社会维持平衡的一种规范。因为有了这种规范，人们可以尽情地施展自己的才华，如果没有这种规范，那社会秩序就会出现混乱。

那么我们在生活中，应该如何尽可能做到平等待人呢？

1. 要尽量放平心态。

人在交流的过程中，所扮演的社会角色是多样的，比如和孩子交流时是父母，和下属交流时是领导，等等，这些角色的变化会影响人们交流的方式，但不应该影响我们待人的那份坦然与平和。

2. 要尊重每个交流者。

尊重他人也是平等待人的一种体现，包括尊重对方的职业、地位。尊重各行各业的劳动人民，人与人之间只是社会分工不同，没有人格的高低之分。

3. 要注意表达方式。

表达时，看着对方的眼睛，从心理上认可对方与自己是平等的，而不是一边低头看手机，一边嘴上说着“想和你做朋友”之类的话，这样会显得心口不一。

交互现象：互相尊重，互相支持

人与人之间各种各样的交集，产生了错综复杂的人际关系，如朋友、爱人、家人、同事、战友等。良好的人际关系离不开互相尊重，互相支持。

通常，我们不会无缘无故地对一个人好，凡事都是相互作用的结果，就像磁极，可以互相吸引，也可以互相排斥，但若只有一个存在时，就没有任何反应了。予人玫瑰，手有余香。你如何对别人，别人就会如何对你。你若微笑相迎，对方也会回应你微笑；你若哭泣，对方也将感受到你的悲伤。你若善良，对方会真心待你；你若狡诈，必定无人愿意与你为伍。

小王和小张同在财务部工作，两人在能力上各有千秋，是领导的左膀右臂。小王擅长对外公关，是个“场面人”。小张性格内敛，擅长财务管理、数据分析。由于业务上的需要，领导经常带小王出门应酬，与客户洽谈。小王的表现也可圈可点，为此他经常在公司吹捧自己，并对小张不屑一顾，觉得他只会做数据，死板，没有综合能力。小张自然也看不上小王，觉得他只会吹牛，没什么业务能力。

有一天，小王应酬回来，借着酒劲，故意大声嚷嚷：“每天都吃这些山珍海味，都吃腻了！唉，啥时候能喝点儿粥就好了，还能在办公室里吹着空调，不用风吹日晒的。我都羡慕死你们了。”说着就往小张那边瞟。

小张哪受得了这种挤对，马上回击：“吃饭不用靠大脑，也不用靠专业，多舒服呀，我还羡慕你呢。”

小王本来就有些酒醉，一听这话更来气了：“小张你什么意思，就你有大脑，就你专业好，天天在办公室，就是个书呆子。”

“老子就是靠专业吃饭，不像某些人。”

两人话里话外都夹枪带棒，你来我往的，搞得气氛越来越僵，眼看就要动起手来了，幸好同事们及时上前把他俩拉开了。

这事没多久就传到了领导那里，于是领导把他们两个喊进了办公室，叹气道：“你们在各自的业务领域都是很优秀的人，但你们的行为让我很失望，你们的气度在哪里？小王，你知道小张每个月因为要及时做出财务数据而经常通宵吗？小张，你知道小王为了一笔贷款喝酒喝到住院吗？你们怎么不能互相理解，互相支持呢。你们的业务能力都强，但你们的心胸都太狭隘了，今年的评优资格我会重新考虑。”

听完这一番话，小王和小张都低下了头，后悔莫及——自己的行为伤了同事也害了自己。

同事是因为工作关系而聚到一起的，彼此之间难免有性格或理念不合的地方，所以更需要靠规章制度来约束，靠自身的修养来互相团结，靠相互的支持理解来彼此包容，而不是针锋相对，剑拔弩张。

人与人之间的关系多是从陌生到熟悉，再到深交，每个阶段都少不了互相谅解，互相支持，互相帮助。携手才能共进，那么如何才能做到互相支持呢?

1. 要主动关心他人。

在日常生活中，要主动关心他人，比如对老人要关心他的身体健康，对朋友要关心他的心情好坏。只有主动关心，才能得知对方的心理状态，是否需要帮助。

2. 要懂得合作共赢。

众人拾柴火焰高，没有团队的力量，单靠个人想要成功难度太大。特别是现如今社会分工越来越细，各行各业都讲究精益求精，而非点到为止。团队的力量远大于个人的，要懂得利用团队的优势，互帮互助，才能实现共赢的结果。

3. 要有发现美的眼光。

每个人都有优缺点，要大方地赞美对方身上的优点，包容对方的不足，这样才能融洽相处，取长补短，共同进步。

互利合作：追求共赢而非利益独享

合作共赢是人们在求新求变中达成的一个共识，正所谓“三个臭皮匠，顶个诸葛亮”。

一滴水只有融入大海，才不会枯竭；一朵花只有在花丛中，才构成春意盎然；一棵树只有在森林里，才能形成郁郁葱葱。个体要发挥出巨大的力量，光靠自身是不行的，还需要借助外力；而同时你的力量也可以帮助他人，这就形成了合作的基本需求。

一只猴子和一头大象外出觅食，听说河对面有一棵香蕉树，都争相前往。猴子率先到达河边，望着这湍急的河流，毫无法子，正在一筹莫展时，大象赶到了。

大象嘲讽地说："过不去了吧。"说着就打算蹚过河去。这时，猴子灵机一动，喊住大象："大象，大象，你能不能驮我过去，我能上树摘香蕉。"大象想想也是，自己就算过去了，也上不了树，就答应驮猴子过河，等摘到了香蕉平分。

猴子摘完香蕉后动起了小心思。它不想和大象平分，就趁大象不注意先跑了。大象气得直追，不一会儿就追上了再次被困在河边的猴子。猴子只好灰溜溜地再去找大象帮忙。这下大象学聪明了，要猴子先把香蕉分了，再驮它回去。猴子也心甘情愿地接受了这个建议，最后它们各自得到一半香蕉。

猴子和大象的故事告诉我们，术业有专攻，要想做成一件事，就要善于团结他人，而不是单枪匹马地蛮干，遇到困难时，连一个商量的人都没有。合作就是让一群各怀绝技的人在同一件事上使出浑身解数，最后成就每一个人。

有人说竞争才会促进发展，我们不否认竞争的价值，但只有合作才能对抗更大更强的对手，才能实现个体单干时难以实现的人生价值，那要如何做到合作共赢呢？

1. 要有正确的价值观。

要正确认识团队协作的力量，不遗余力地发挥自己的所长。有的人认为自己的劳动成果需要和他人分享非常吃亏，或者在团队之外，再想点对自己有利的事情，想要利用团队力量却又不分享成果。这种人一是没看到劳动成果非一人之功，而是共同作用的结果，二是太小气，难以成大事。这样的人最终只会落得形单影只。

2. 要勇于负责任。

合作共赢，既讲合作也讲分工，只有在各自分工范畴内把事情做到极致，合作才能出效益。对自己负责的部分，要敢于承担责任。对自己的过错要坦承，自我批评反省，对自己是一种鞭策，在团队成员看来也是一种值得信任的表现。

3. 要有团队精神。

团队成员讲究互相包容，求同存异，大家铆足劲儿往一处使。人与人之间讲究默契，就像电影里经常出现的场景，每个超级英雄都有一项绝技，若各自为政，则无法打败敌人，只有齐心协力方能取得胜利。

信用原则：维护自己的“信用账户”

守信用，是做人的根本，也是基本的道德规范。在社会交往中，守信的人往往能获取更多的支持，也能得到更多人的信任。守信不仅是一种品行，也是一个准则，是人与人之间正常交往的前提。

信用不是与生俱来的，它需要一个人不断地付出和坚持，严于律己，才能让自己树立守信的形象。信用就像精心绘制的一本画作，每一笔都要小心谨慎，一旦画错，整本画作就不再完美；信用又像精心呵护下成长的花朵，一旦摘下，就无法再生长。

“烽火戏诸侯”的故事大家都听过，周幽王为了一己私欲，透支自己的信用，最终只能落得国破家亡的下场。很多人认为信用换不来金钱，就不惜败坏信用，赚取短期利益，借贷纠纷、制假售假等时有发生，他们终究逃不过法律的制裁。

信用是一个人在社会立足的根本，不讲信用的人，不仅会辜负他人的信任，更会孤立自己。

曾参，是孔子的得意门生。他品行高尚，博学多才。一日，曾参的妻子要去集市买菜，年幼的孩子吵着要一起去，于是她哄着孩子说："你在家里好好玩，等妈妈回来后，就把家里的猪杀了，煮肉给你吃。"孩子听完，高兴极了，就乖乖地在家等妈妈回来。

曾参的妻子从集市回来后，看到曾参正要把家里的猪绑了去杀。她连忙说："我只是随口说说，并没有真的要杀猪，你怎么能当真了呢？"曾参回答道："孩子是不能欺骗的，孩子年纪小，只会学着父母的样子。你今天欺骗了他，他长大就会欺骗别人，你今天失信于他，他以后就不会再信任你了。这不是教育孩子的正确方法！"说完，他便把猪杀掉并煮给孩子吃了。

信用存在于生活中的方方面面，比如对伴侣，要讲信用，才能互相信任不猜疑；对朋友，要说到做到，他才会与你深交；对客户，要言行一致，不虚假，不夸大，他才愿意和你交易。

信用不能用物质来衡量，它体现在人们的一言一行中，并在社交活动中发挥着不可估量的作用。那如何才能做到有信用呢？

1. 量力而行。

讲信用的前提是答应了他人，所以在答应他人之前，需先想好自己是否能做到。若不能做到，应直接告知对方，而不是把事情揽下后，因能力不足而失信于人。这样不仅不会帮到对方，还会影响双方之间的信任指数，最终得不偿失。

2. 竭尽全力。

这和量力而行并不冲突，在答应前需充分考虑，量力而行，答应后就该全力以赴，兑现诺言。帮助他人就该全心全意，不遗余力，倘若最后结果不尽如人意，也一定要解释清楚，如此对方也不会责怪，更不会因此伤了彼此的感情。

3. 记住自己的承诺。

人每天要和许多人交流，每项交流内容都不一样，每天都可能承诺他人一些事情，若不能及时记下，就容易遗忘而导致失信。好记性不如烂笔头，应随时携带一个笔记本，或记录在手机里并定好闹钟，提醒自己。

人生是一场修行，一定要让自己的人生无悔，活出自己的高贵，活出自己的品性。一生不求流芳百世，至少正直诚信，不要伤害他人。信任是他人给予的财富，应珍惜这来之不易的精神力量。

250定律：善待一个人，赢得一群人

“250 定律”是指每一个人的背后都有 250 个亲朋好友。只要赢得一个人的信任，就能赢得他背后 250 个人的信任；若得罪一个人，等同得罪他背后 250 个人。这个定律是美国著名推销员乔·吉拉德通过多年的销售经验总结出来的，可能无心的一个动作、一句话语，冒犯到他人，结果却冒犯到他周围的整个社交圈。

可能有人认为，得罪一个人而已，不会对自己的人生产生什么影响，殊不知，所谓冤家路窄，可能你今天得罪的同事，明天就是你的领导了，你今天看不上的一个保安，他的儿子却是你四处托关系要找的人。必须认真对待身边的每一个人，在时间这条长河上，善待他人会在某个时刻给你带来回报。

王旭刚毕业一年，在一家广告创意公司上班，一直跟着师父做，从没有独立负责过项目。最近公司因发展快，有心提拔年轻骨干，增加内部竞争，就放手让王旭独立带队策划广告方案。

一天，一家企业需要做一份饮料的广告，时间紧急且要求苛刻，公司就决定让两个团队同时准备策划方案，到时择优给客户，并提高了奖金金额。所选的团队刚好就是王旭团队和他师父的团队。

师父一听这个安排，立即暴跳如雷，觉得受到了羞辱，一个初出茅庐的小屁孩竟然要和他叫板了，就四处散播谣言，并放下狠话，若客户选择王旭的方案，他就给王旭端茶倒水。其他同事也替师父抱不平，觉得王旭不懂感恩，不自量力。

但最后，客户选择的恰恰是王旭的方案，认为其创意风格年轻有活力，符合当下潮流。大家都在等着看师父的笑话，但王旭的行为却让所有人都肃然起敬。王旭主动把茶端上，捧到师父面前说："感谢师父的教诲，徒弟今天的成绩离不开师父的培养，以茶代酒谢谢师父。一日为师终身为父，希望师父能给个机会让徒弟为您端茶倒水。"

一段话既肯定了师父的功劳，又免了师父的尴尬。师父羞愧地点了点头，接过了茶，拍了拍王旭的肩膀，意味深长地讲了一句"前途无量"。办公室响起雷鸣般的掌声，同事们都对王旭投来赞许的目光。

案例中的王旭是一个社会资历尚浅的新人，却透露着大气与从容，对师父尊敬原本是应该的，而在师父中伤他后，他却仍能保持那份敬意，这就是气度。他赢得的不只是师父的认可，更是身边所有同事的认可。在工作上，他不仅少了一个竞争者，更是多了一群合作者。

得罪人是很简单的一件事情，一开始爽快了，但事后往往会后悔。一个蔑视的眼神，一句粗话，一次推搡，都有可能得罪人，这只会让自己的社交圈越来越窄，最终剩下自己一人。那如何才能做到不轻易得罪人，善待身边人呢？

1. 不要指责别人。

指责别人是对对方的一种道德宣判，我们无权这样干涉他人。即使是碰上让人义愤填膺的事情，也请先忍住脾气，思考后再说出想法，不带人身攻击，不要语言侮辱，纯粹地提出意见。无论对方是否接受，这都不至于到得罪他的地步，若对方能听进去，固然好，若对方一意孤行，也不要强行灌输想法。道不同不相为谋就好，做不了朋友，也没必要多一个敌人。

2. 懂得道歉。

及时诚恳地道歉。都说浪子回头金不换，道歉可能不能挽回损失，但至少表明了认错的态度，传达了一种愿意承担后果的勇气和责任感。同时，也不能以道歉作为借口而肆无忌惮，道歉是一种弥补措施，不是犯错的理由。

3. 争辩要适可而止。

意见总会出现相左的时候，比如父母与孩子之间、同事之间，立场不同，意见不一很正常，争吵也是在所难免的，但不要咄咄逼人，双方都应该留点余地，表达自己的原则和坚持即可。一味追求争吵中出结果是不现实的，只会激化双方的矛盾。

善待一个人，赢得一群人。多一个朋友多一条路，多一个敌人堵一条路。善待他人不是为了回报，但请相信，一直善待他人，一定能得到回报。

图书在版编目 (CIP) 数据

改变人生的 86 堂人际交往课 / 陈文琴著 . —北京：中国法制出版社，2021.3

ISBN 978-7-5216-1782-5

Ⅰ . ①改…　Ⅱ . ①陈…　Ⅲ . ①人际关系学 – 通俗读物　Ⅳ . ① C912.11-49

中国版本图书馆 CIP 数据核字（2021）第 057783 号

策划编辑：陈晓冉（chenxiaoran 2003@126.com）

责任编辑：陈晓冉　刘　阳　　封面设计：李　宁

改变人生的 86 堂人际交往课

GAIBIAN RENSHENG DE 86 TANG RENJI JIAOWANG KE

著者 / 陈文琴

经销 / 新华书店

印刷 / 三河市紫恒印装有限公司

开本 / 710 毫米 ×1000 毫米　16 开　　印张 / 12.5　字数 / 168 千

版次 / 2021 年 3 月第 1 版　　2021 年 3 月第 1 次印刷

中国法制出版社出版

书号 ISBN 978-7-5216-1782-5　　定价：39.80 元

北京西单横二条 2 号　邮政编码 100031　　传真：010-66031119

网址：http://www.zgfzs.com　　**编辑部电话：010-66054911**

市场营销部电话：010-66033393　　**邮购部电话：010-66033288**

（如有印装质量问题，请与本社印务部联系调换。电话：010-66032926）